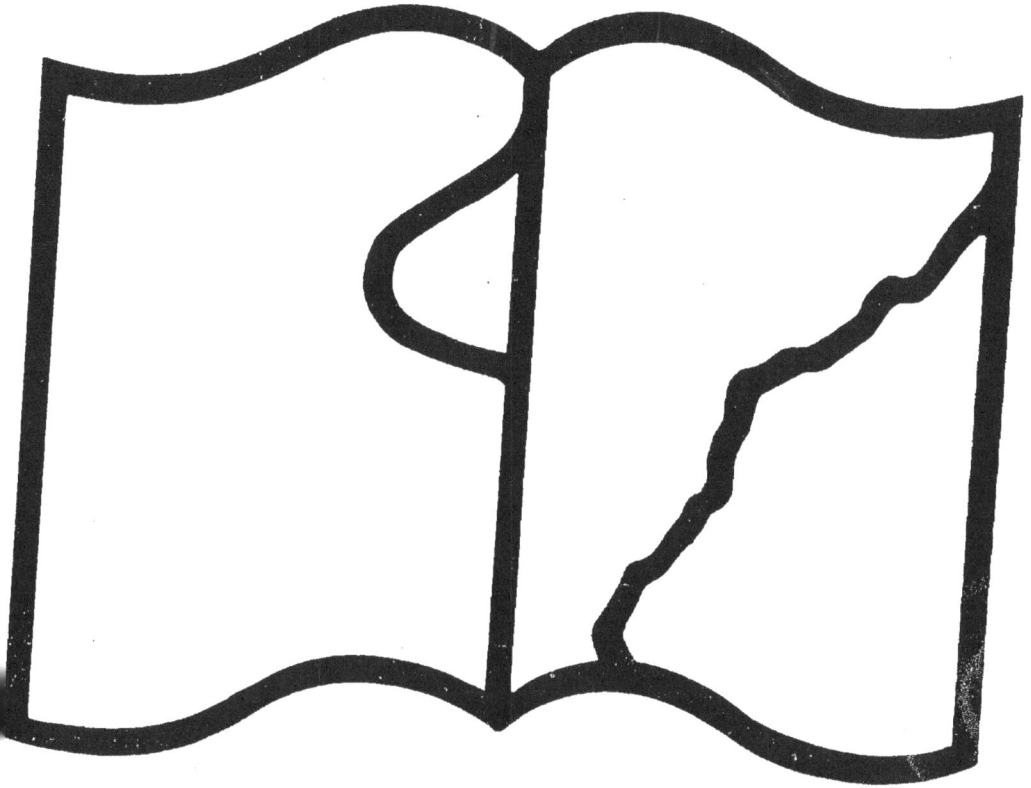

Texte détérioré — reliure défectueuse

NF Z 43-120-11

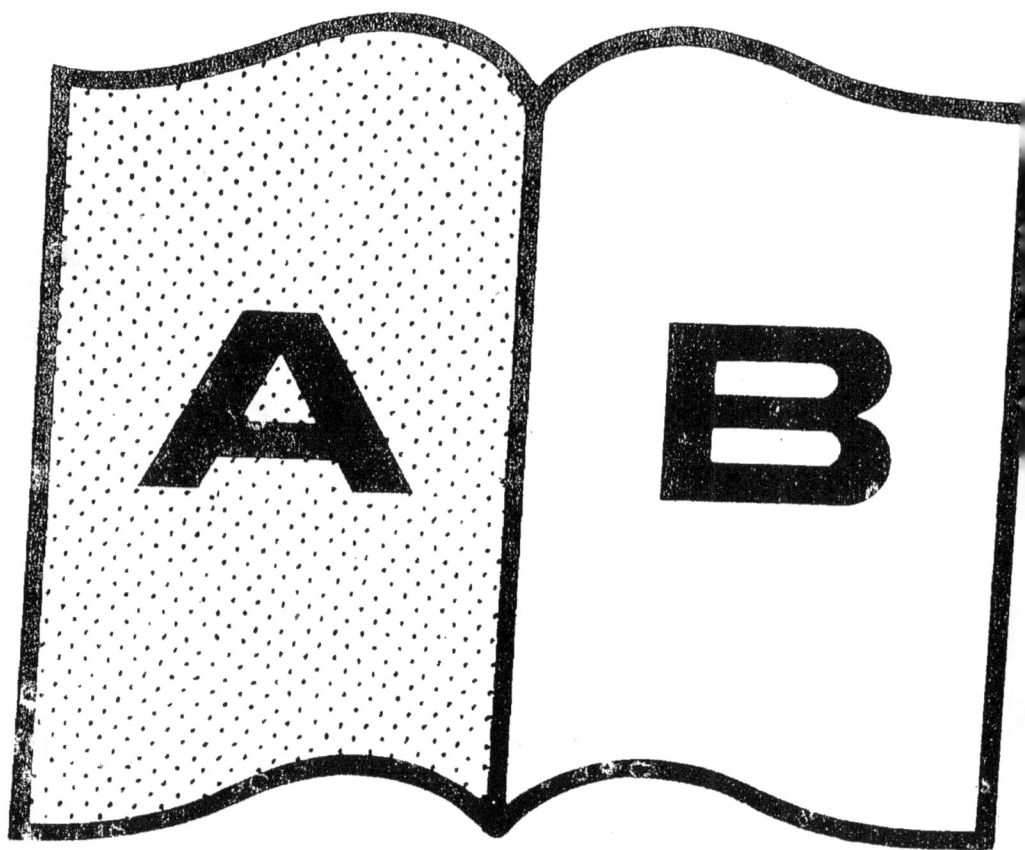

Contraste insuffisant

NF Z 43-120-14

VOYAGE DE GULLIVER

A BROBDINGNAG

SWIFT

VOYAGE DE GULLIVER
A BROBDINGNAG

Illustrations de V. POIRSON et M. MARTIN

PARIS
SOCIÉTÉ FRANÇAISE D'ÉDITIONS D'ART
L.-HENRY MAY
9 ET 11, RUE SAINT-BENOÎT

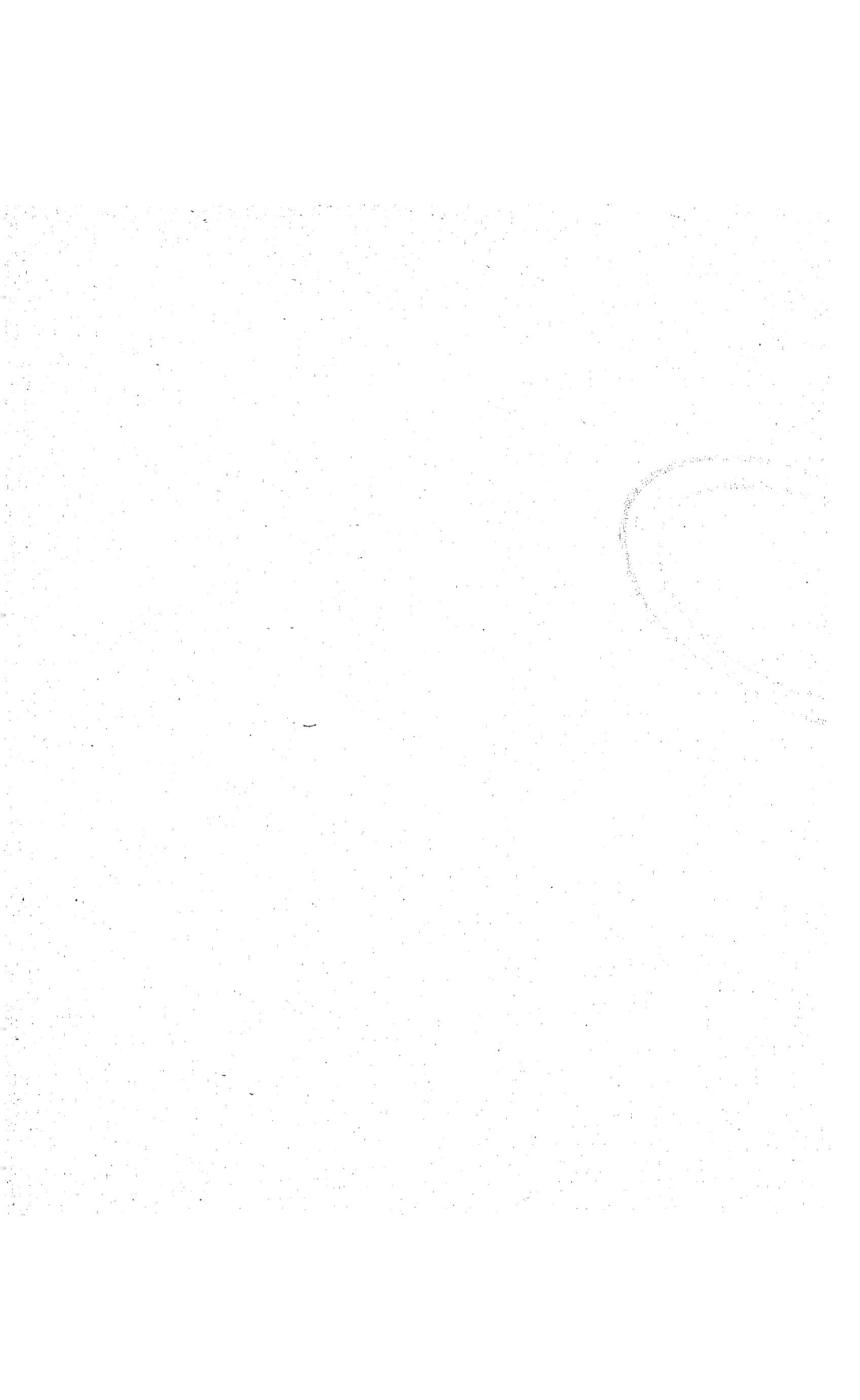

NOTICE

—

Jonathan Swift, docteur en théologie, descendait de la famille des Swift, du comté d'York.

Il naquit à Dublin, dans une petite maison que l'on montre encore aux étrangers.

Son enfance fut marquée par une aventure singulière : sa nourrice, rappelée subitement dans son pays par l'appât d'un héritage, l'emmena avec elle sans en prévenir la mère.

Heureusement cette voleuse d'enfant était une brave femme ; elle prit un tel soin du nourrisson et de son éducation que, lorsqu'il revint à Dublin il savait épeler ; à cinq ans le jeune Swift lisait déjà dans la Bible.

L'enfant grandit ainsi auprès de sa mère qu'il chérissait et dont il partageait l'indigence ; tous deux subsistaient des bienfaits de l'oncle Godwin.

« Cette dépendance, dit le plus illustre de ses biographes, Walter Scott, semble avoir fait une impression profonde sur son caractère naturellement hautain. Dès son enfance se manifesta en lui cet esprit de misanthropie qui le hanta toute sa vie.

» Élevé par charité, il s'accoutuma à regarder le jour de sa naissance comme néfaste, si bien qu'à chaque anniversaire de sa naissance il ne manquait jamais de lire le passage de l'Écriture dans lequel Job maudit le jour où l'on annonça dans la maison de son père qu'un enfant mâle était né. »

Swift avait six ans quand on l'envoya à l'école de Kilkenny où l'on montre encore aux touristes un pupitre sur lequel le jeune écolier avait gravé son nom.

L'enfant fut ensuite interné au collège de la Trinité, à Dublin, pour y faire ses études universitaires. Il ne paraît pas avoir été un brillant élève, et n'emporta du collège qu'un bagage considérable de lectures variées.

« Tandis que Swift suivait ainsi sans grande assiduité ses études, dit Walter Scott, il eût été contraint de les interrompre si, à la mort de son oncle Godwin, il n'avait trouvé l'appui de son autre oncle, Dryden William Swift.

» Swift a toujours chéri la mémoire de ce parent et il racontait souvent un incident, dont son cousin, fils de Dryden William, fut le héros.

» L'étudiant étant assis dans sa chambre et n'ayant pas un sou vaillant, aperçut dans la cour un matelot qui paraissait demander le logis de quelqu'un. Il pensa que cet homme pouvait bien être chargé d'un message de son cousin, alors à Lisbonne. A peine cette idée lui avait-elle traversé l'esprit, que la porte de sa chambre s'ouvre, et l'étranger, s'approchant, tire de sa poche une bourse de cuir remplie d'argent qu'il remet à Swift de la part du cousin Willoughby.

» Swift, ravi, offrit une partie de sa fortune au bon messager qui refusa.

» Depuis ce moment, Swift, qui avait connu les soucis de la gêne, administra toujours son modique revenu de manière à ne plus jamais se trouver sans aucune ressource. Il tenait comptabilité de ses dépenses et pouvait se rendre compte, à un sou près, de ce qu'il avait dépensé depuis le temps du collège jusqu'à ses vieux jours. »

En 1888, la guerre éclate en Irlande, et Swift, qui vient d'atteindre sa vingt et unième année, quitte le collège de

Dublin et se rend en Angleterre auprès de sa mère qui habitait alors le comté de Leicester.

Mistress Swift, plus indigente que jamais, dut implorer pour son fils la protection de sir Williams Temple qui, en dépit de quelques préventions, finit par s'intéresser au jeune homme dont il compléta l'instruction et qui devint son secrétaire.

Présenté au roi Guillaume III par son protecteur, Swift devint le compagnon ordinaire du monarque qui lui offrit une compagnie de cavalerie. Le jeune favori refusa, préférant entrer dans les ordres, et obtint la prébende de Kilroot, en Irlande ; il devint ensuite doyen de Saint-Patrick, après la mort de son protecteur.

*
* *

De bonne heure, Swift avait pris part à la politique d'opposition des whigs, qu'il abandonna un instant pour aller soutenir à Londres la reine Anne.

De retour en Irlande, il reconquit vite, par quelques pamphlets, la faveur populaire, et, dans une circonstance décisive pour son pays, il devint le défenseur intrépide et opiniâtre du peuple opprimé.

« Aussi, dit Walter Scott, la popularité de Swift fut-elle celle de tout homme qui, à une époque critique, a le bonheur de rendre à sa patrie un grand service.

» Aussi longtemps qu'il put sortir de sa maison, les bénédictions du peuple l'accompagnèrent. Passait-il dans une ville, il y recevait l'accueil qu'on eût fait à un prince. Au premier bruit d'un danger que courait le *Doyen*, tout le pays s'agitait et accourait, prêt à le protéger et à le défendre.

» Walpole avait songé à le faire arrêter; un sage avis lui parvint, lui demandant s'il avait dix mille soldats pour accompagner le magistrat chargé d'exécuter un pareil ordre.

» Tous les vice-rois d'Irlande, depuis l'affable Cartenet jusqu'au hautain Dorset, sans aimer ni sa politique ni sa personne, furent bien contraints de compter avec son influence.....

» Le déclin de ses facultés intellectuelles fut un deuil pour toute l'Irlande; la douleur du peuple, de son peuple, peut-on dire, le suivit jusqu'au tombeau, et il n'est pas d'écrivain irlandais qui n'ait rendu à la mémoire de Swift le tribut de gratitude qui lui était dû. »

Pendant les dernières années de sa vie, Swift fut frappé de plusieurs attaques d'apoplexie qui altérèrent progressivement ses puissantes facultés, et il succomba le 29 octobre 1745.

Il avait écrit plus de vingt ouvrages, dont la plupart ont été traduits en français.

Le plus célèbre de tous est sans contredit *les Voyages de Gulliver*, chef-d'œuvre d'esprit, de fine raillerie, d'ironie mordante, de philosophie élevée, que Voltaire a déclaré inimitable, et dont nous offrons à nos jeunes lecteurs une traduction nouvelle écrite spécialement pour eux.

La première édition de cet ouvrage parut en novembre 1726. Elle a une curieuse histoire.

Ce manuscrit était depuis longtemps terminé et Swift l'avait communiqué à ses intimes, lorsqu'un jour le libraire Motte le trouva dans sa boutique, apporté par une main inconnue. Il en prit connaissance. L'ouvrage lui plut beaucoup et, sans plus s'inquiéter de l'auteur, il l'imprima et le publia.

Il obtint un immense succès.

Quelques lettrés reconnurent facilement la manière et le ton de Swift, mais une grande partie du public s'imagina que Gulliver avait réellement existé et que c'étaient bien là ses aventures et ses relations de voyages.

François Courboin

Jonathan Swift.

Swift, que cette confusion amusait beaucoup, contribua à l'accréditer en publiant, en manière de préface, une lettre au lecteur, d'un certain Richard Sympson, soi-disant cousin de Gulliver, lettre dans laquelle il expliquait comment, avec la permission de l'auteur, il avait communiqué le manuscrit. Voici ce curieux document :

LE PREMIER ÉDITEUR AU LECTEUR

L'auteur de ces voyages, M. Lemuel Gulliver, est un de mes anciens et intimes amis; nous sommes aussi quelque peu parents par les femmes. Il y a trois ans environ, M. Gulliver, fatigué du concours de curieux qui venaient le voir à sa résidence de Redriff, acheta une petite terre avec une maison convenable près de Newark, dans le comté de Nottingham, son pays natal, où il vit aujourd'hui dans la retraite, mais très estimé de ses voisins.

Bien que M. Gulliver soit né dans le comté de Nottingham, où demeurait son père, je lui ai entendu dire que sa famille était originaire du comté d'Oxford. Et, en effet, j'ai remarqué dans le cimetière de Bambury, ville de ce comté, plusieurs tombes et monuments appartenant aux Gulliver.

Avant de quitter Redriff, il me laissa en garde les pages suivantes, avec la liberté d'en faire l'usage que je jugerais convenable. Je les ai lues trois fois avec soin. Le style en est tout à fait clair et simple. Le seul défaut que j'y trouve est que l'auteur, suivant l'habitude des voyageurs, s'arrête un peu trop aux détails. Tout le récit porte un air de vérité manifeste ; et, en effet, l'auteur était si remarquable pour sa véracité, qu'il était comme passé en proverbe parmi ses voisins de Redriff de dire, quand on affirmait quelque chose : « C'est aussi vrai que si M. Gulliver l'avait dit. »

Suivant le conseil de plusieurs personnes de mérite auxquelles, avec la permission de l'auteur, j'ai communiqué ce manuscrit, je me hasarde aujourd'hui à le donner au public, espérant qu'il

fournira, au moins pour quelque temps, à notre jeune noblesse
une distraction préférable au fatras vulgaire de la politique et des
partis.

Ce livre aurait été deux fois plus volumineux au moins, si je
n'avais pris sur moi d'en retoucher d'innombrables passages rela-
tifs aux vents et aux marées, aux déviations de l'aiguille et aux
hauteurs observées dans les différents voyages, ainsi que la description minutieuse, en style de marin, de la manœuvre du navire
pendant les tempêtes et le relevé des longitudes et des latitudes.
En quoi j'ai lieu d'appréhender que M. Gulliver ne soit pas complètement satisfait; mais je voulais mettre autant que possible
l'ouvrage à la portée du commun des lecteurs. Toutefois si mon
ignorance des choses de la mer m'a fait commettre quelques
méprises, moi seul en suis responsable, et si quelque voyageur a
la curiosité de voir l'ouvrage complet tel qu'il est sorti des mains
de l'auteur, je serai toujours prêt à le contenter.

Pour de plus amples détails sur l'auteur lui-même, les premières pages du livre donneront au lecteur toute satisfaction.

Richard SYMPSON.

QUELQUES JUGEMENTS LITTÉRAIRES

VOYAGES DE GULLIVER

« Les *Voyages de Gulliver* parurent peu après le retour de Swift en Irlande ; au moment de quitter l'Angleterre, il avait, d'un fiacre, jeté son manuscrit dans la boutique de son libraire Motte.

» Jamais peut-être livre ne fut aussi recherché par toutes les classes. La haute société y trouvait une satire politique mordante ; le vulgaire, des aventures à son goût ; les romanesques, du merveilleux ; les jeunes gens, de l'esprit ; les hommes graves, des préceptes de morale et de philosophie ; les esprits aigris ou mécontents, des maximes d'une misanthropie amère.

» Le Voyage à Lilliput est une allusion à la cour et à la politique anglaise ; sir Robert Walpole est représenté dans le premier ministre Flimnap ; aussi ne le pardonna-t-il pas à l'auteur qu'il poursuivit constamment de sa haine.

» Les partis des Whigs et des Torys, ce sont les factions des *talons hauts* et des *talons plats ;* les *petits boutiens* et les *gros boutiens*, ce sont les papistes et les protestants. Le prince de Galles, qui traitait également bien les Torys et les Whigs, rit de bon cœur de la condescendance de l'héritier présomptif, qui portait un talon haut et un talon plat. Blefuscu, où l'ingratitude de la cour lilliputienne force Gulliver à chercher un asile, pour n'avoir pas les yeux crevés, est la France, où l'ingratitude de la cour d'Angleterre força le duc d'Osmond et lord Bolingbroke de chercher asile.

. . . .

» Malgré les invraisemblances fondées sur la raison ou les préjugés, les *Voyages de Gulliver* excitèrent un intérêt universel ; ils le méritaient par leur nouveauté et par leur propre mérite. Rabelais, More et plusieurs autres écrivains avaient déjà imaginé de faire raconter par des voyageurs leurs observations de régions imaginaires ; mais toutes ces utopies étaient basées sur des fictions puériles ou se proposaient la réalisation de systèmes inapplicables.

» Il était réservé à Swift d'égayer la partie philosophique de son œuvre, par l'*humour*, d'en faire oublier le côté imaginaire par une satire mordante, et de donner aux événements les plus invraisemblables une apparence de vérité par un artifice littéraire.

» Robinson Crusoë racontant des événements bien plus près de la réalité, n'est peut-être pas supérieur à Gulliver pour la portée et la vraisemblance du récit.

» Toute la personne de Gulliver est décrite avec tant de vérité, qu'un matelot soutenait qu'il avait bien connu le capitaine Gulliver, mais qu'il demeurait à Wapping et non à Rotherhithe ([1]). C'est ce contraste de la facilité naturelle et de la simplicité du style, avec les merveilles racontées, qui produit un des grands charmes de cette remarquable satire des imperfections, des folies et des vues de l'espèce humaine.

» Les calculs exacts qui se trouvent dans les deux premières parties contribuent à donner quelque vraisemblance à la fable. On dit que dans la description d'un objet réel, quand les proportions sont bien observées, le merveilleux, que l'objet soit gigantesque ou rapetissé, est moins sensible à l'œil du spectateur. Il est certain qu'en général la proportion est un attribut essentiel de la vérité, et par conséquent de la vraisemblance : si le lecteur admet une fois l'existence des hommes que le voyageur raconte avoir vus, il est difficile de trouver aucune contradiction dans le récit.

» Il semble au contraire que Gulliver et les hommes qu'il vit se conduisent précisément comme ils devraient se conduire dans les circonstances imaginées par l'auteur.

» A cet égard, le plus grand éloge que l'on puisse citer des *Voyages de Gulliver* est la critique qu'en faisait un docte prélat irlandais : il prétendait gravement qu'il y avait là des choses qu'on ne pourrait jamais lui faire croire.

» Il y a un grand art à nous montrer Gulliver perdant graduellement, par l'influence des objets qui l'environnent, ses idées sur les proportions de la taille à son arrivée à Lilliput et adoptant celles des pygmées au milieu desquels il vit.....

» Comme écrivain, le caractère de Swift présente trois particularités remarquables. La première qualité qui le distingue, et qui a été rarement accordée à un auteur, au moins par ses contemporains, est l'origi-

---

([1]) Bien que Walter Scott n'en dise rien, ce matelot devait être un matelot marseillais.

nalité ; le critique le plus sévère ne peut la lui refuser. Johnson lui-
même avoue qu'il n'est peut-être pas un seul auteur qui ait si peu
emprunté aux autres, et qui ait autant de droits à être considéré
comme original. Rien, dans le fait, n'avait été publié qui pût servir
de modèle à Swift, et le peu d'idées qu'il a empruntées sont devenues
siennes par le cachet qu'il leur a donné.

» La seconde particularité est l'indifférence totale de Swift pour la
renommée littéraire. Il se servait de sa plume comme un ouvrier
vulgaire se sert des instruments de son art, sans y attacher grande
importance.....

» La troisième marque littéraire distinctive de Swift est que, l'histoire exceptée, il ne s'est jamais essayé dans aucun style de composi-
tion, qu'il n'y ait excellé.

» Dans la fiction, il possédait au suprême degré l'art de la vraisemblance, l'art de feindre et de soutenir un caractère fictif, dans tous les
lieux et dans toutes les circonstances. Une grande partie de ce secret
consiste dans l'exactitude des détails des petits faits détachés qui forment comme l'avant-scène d'une histoire racontée par un témoin
oculaire.

» Telles sont les choses qui semblent n'intéresser vivement que le
narrateur. C'est la balle de fusil qui siffle aux oreilles du soldat, et qui
fait plus d'impression sur lui que toute l'artillerie qui n'a cessé de
gronder pendant la bataille. Mais pour un spectateur éloigné, tous ces
détails sont perdus dans le cours général des événements. »

WALTER SCOTT.

« Les voyages de Gulliver, dit M. Hardinge Champion, ont le rare
mérite de plaire aux enfants et de faire réfléchir les hommes graves ;
les deux premières parties sont les plus intéressantes ; la troisième
offre moins de suite dans le plan que les précédentes ; c'est dans ces
divers tableaux, remarquables par leur hardiesse et leur originalité,
que Swift exhale à son aise toute sa bile de misanthrope et qu'il flagelle
à tour de bras les passions mesquines de la nature humaine ; rien de
plus commode pour cela que son cadre, où tantôt il représente l'homme
en miniature, tantôt sous des formes colossales ; de là, pour lui l'occasion de leçons philosophiques, empreintes presque toutes de cette
misanthropie qui caractérise souvent les grands génies, esprits chagrins
pour la plupart. »

HARDINGE CHAMPION.

« Gulliver ! tu fais rire les enfants et pencher tristement le front du
vieillard. Ton conte bleu est une sombre histoire, vraie alors et vraie

encore aujourd'hui. L'homme de génie n'est plus l'antique Prométhée enchaîné sur son lit et dévoré par des vautours; nous avons changé cela : il est surpris et emmailloté pendant son sommeil par des hommes de six pouces. »

LANFREY.

« Tout son talent et toutes ses passions, dit M. Taine, se sont amassés dans ce livre; l'esprit positif y a imprimé sa forme et sa force. Rien d'agréable dans la fiction ni dans le style ; c'est le journal d'un homme ordinaire, chirurgien, puis capitaine, qui décrit avec sang-froid et bon sens les événements et les objets qu'il vient de voir ; nul sentiment du beau, nulle apparence d'admiration et de passion, nul accent. Franks et Cook racontent de même. Swift ne cherche que le vraisemblable et il l'atteint. Son art consiste à prendre une supposition absurde et à déduire sérieusement les effets qu'elle amène. C'est l'esprit logique et technique d'un constructeur qui, imaginant le raccourcissement ou l'agrandissement d'un rouage, aperçoit les suites de ce changement et en décrit la liste. Tout son plaisir est de voir ces suites nettement et par un raisonnement solide. Il marque les dimensions et le reste en bon ingénieur et statisticien, n'omettant aucun détail spécial et positif, expliquant la cuisine, l'écurie, la politique. Là-dessus, sauf de Foë, il n'a pas d'égal. Nul esprit n'a mieux connu les lois ordinaires de la nature et de la vie humaine ; nul esprit ne s'est si strictement renfermé dans cette connaissance ; il n'y en a point de plus exact ni de plus limité... Mais quelle véhémence sous cette recherche ! Que nos intérêts et nos passions semblent ridicules, rabaissés à la petitesse de Lilliput ou comparés à l'énormité de Brobdingnag. »

TAINE.

AVANT-PROPOS

A Brobdingnag, Gulliver, l'imaginaire aventurier créé par Swift, ne va plus rencontrer des pygmées comme à Lilliput, mais bien des géants, et tout va s'élever avec eux, l'intelligence et la morale, car ils sont aussi sages, aussi bien administrés que les Lilliputiens sont déraisonnables, mal gouvernés et livrés aux mesquines intrigues de cour.

Dans le Voyage à Brobdingnag, la satire devient d'une application plus générale et l'on n'y trouvera que de très rares allusions aux événements et aux hommes politiques du temps de Swift.

Le souverain de ces fils d'Anack va vous apparaître comme un roi patriote, uniquement préoccupé de ce qui concerne l'utilité générale et le bien public.

Aux yeux d'un tel prince, les intrigues et les scandales d'une cour européenne semblent méprisables dans leurs motifs et odieux dans leurs résultats.

Ceux des jeunes lecteurs qui ont pu déjà se divertir avec les aventures de Gulliver à Lilliput, où le héros était un géant, vont maintenant jouir d'un amusant contraste, en *le retrouvant chez une race d'hommes parmi lesquels il est moins qu'un nain.*

Tout va changeant de face, et c'est là un des attraits de ces deux intéressants voyages de Gulliver, les seuls que nous jugions utiles d'offrir à la jeunesse, parce que ce sont surtout ceux où l'auteur a su égayer la morale de son ouvrage par l'humour et donner aux événements les plus invraisemblables un air de vérité et de bon sens.

Voilà pourquoi nous sommes bien tranquilles sur l'accueil qui sera fait à cette nouvelle traduction : gageons que nos jeunes lecteurs s'amuseront autant à Brobdingnag qu'ils se sont divertis à Lilliput.

CH. DA COSTA.

CHAPITRE PREMIER

CHAPITRE PREMIER

Description d'une grande tempête. La chaloupe est envoyée à terre pour faire provision d'eau. L'auteur va avec elle pour découvrir le pays. Il est abandonné sur le
rivage, pris par un naturel et emporté chez un fermier. La réception qui lui est
faite et les divers accidents qui lui arrivent. Description des habitants.

ONDAMNÉ par la nature et la fortune à
une vie active et agitée, deux mois
après mon retour, je quittai de nouveau mon pays natal et m'embarquai
aux Dunes sur l'*Aventure*, vaisseau
marchand à destination de Surate, commandé par le capitaine John Nicholas,
du comté de Cornouailles.

Nous eûmes un vent très favorable jusqu'au Cap de
Bonne Espérance, où nous mouillâmes pour renouveler
notre provision d'eau fraîche, mais ayant découvert une
voie d'eau, nous débarquâmes nos marchandises et nous
restâmes là tout l'hiver, car le capitaine fut atteint d'une
fièvre intermittente, de sorte que nous ne pûmes quitter

le Cap qu'à la fin du mois de mars, et notre traversée fut heureuse jusque passé le détroit de Madagascar. Mais étant arrivés au nord de cette île, à environ cinq degrés de latitude sud, les vents, qui dans ces mers, d'après les observations des navigateurs, soufflent également entre le nord et l'ouest, depuis le commencement de décembre, jusqu'au commencement de mai, se mirent le 19 avril à souffler avec beaucoup plus de violence, plus à l'ouest que d'ordinaire, et cela pendant vingt jours de suite, durant lesquels nous fûmes poussés un peu à l'est des Iles Moluques, et environ à trois degrés au nord de l'équateur, comme notre capitaine le constata par les observations qu'il fit le 2 mai, jour où le vent cessa, et qu'il y eut un calme plat, dont je ne me réjouissais pas médiocrement. Mais le capitaine, ayant une grande expérience de la navigation dans ces mers, nous ordonna à tous de nous préparer à une tempête, qui, en effet, se déclara le lendemain. Appréhendant que le vent ne devînt trop violent, nous serrâmes la voile du beaupré et nous nous tînmes prêts à serrer la misaine, puis le temps devenant tout à fait mauvais, nous vîmes à ce que les canons fussent tous bien attachés et serrâmes la misaine. Comme le navire était au large, nous crûmes qu'il valait mieux chasser devant la mer que de nous mettre à la cape ou à sec. Nous prîmes un ris dans la misaine et la hissâmes, puis nous bordâmes les écoutes d'avant et d'arrière; la barre était tout au vent. Le navire se comportait bravement. Nous amarrâmes le hale-bas de l'avant, mais la voile se déchira. Alors nous amenâmes la grande vergue, rentrâmes la voile dans le navire et coupâmes tous les cordages qui la tenaient. C'était une tempête très violente et la mer brisait d'une façon étrange et dangereuse. Nous halâmes sur le raban de la barre pour aider le timonnier. Nous ne voulûmes pas amener notre mât de perroquet, préférant laisser tout dehors, parce que le navire courait très bien devant la mer et nous savions qu'avec le mât de perroquet il se gouvernait mieux et filait plus rapidement, d'autant plus que nous avions la mer libre devant nous. Lorsque la tempête fut passée, nous sortîmes la misaine et la grande voile, et nous nous laissâmes en panne. Ensuite nous mîmes hors l'artimon, ainsi que le grand et le petit hunier. Notre route était est-nord-est ; le vent était au sud-ouest. Nous amarrâmes à tribord et larguâmes les bras des vergues, ainsi que les boulines pour les amarrer. Nous manœuvrâmes la misaine pour serrer le vent et maintînmes le navire au plus près et aussi couvert de toile qu'il pouvait en supporter.

Pendant cette tempête, qui fut suivie d'un vent impétueux d'ouest-sud-ouest, nous fûmes poussés, d'après mon calcul, environ cinq cents lieues vers l'est, en sorte que le plus vieux marin du bord ne pouvait dire dans quelle partie du monde nous étions. Nos provisions étaient encore suffisantes, le navire en bon état et tous les hommes de l'équipage bien portants, mais nous étions réduits à une très grande disette d'eau. Nous jugeâmes plus à propos de continuer la même route, plutôt que de tourner plus au nord, ce qui nous aurait peut-être portés à la partie nord-ouest de la Grande-Tartarie et dans la mer Glaciale.

Le 16 juin 1703, un mousse découvrit terre du haut du perroquet. Le 17, nous arrivâmes bien en vue d'une grande île, ou d'un continent (car nous ne savions pas lequel des deux), sur le côté sud duquel il y avait une petite langue de terre qui s'avançait dans la mer, et une petite baie trop peu profonde pour recevoir un navire de plus de cent tonneaux. Nous jetâmes l'ancre à une lieue de cette baie et notre capitaine envoya dans la chaloupe douze hommes bien armés, avec des vases pour l'eau, si l'on en pouvait trouver. Je lui demandai la permission d'aller avec eux pour voir le pays et faire les découvertes que je pourrais. En arrivant à terre nous ne vîmes ni rivière, ni source, ni aucun vestige d'habitants. Nos hommes durent donc côtoyer le rivage pour trouver quelque eau douce près de la mer, et moi, je m'avançai seul, à une distance d'environ un mille dans la direction opposée, où j'observai que partout le pays était stérile et plein de rochers. Je commençais à être las, et, ne voyant rien de nature à satisfaire ma curiosité, je m'en retournai doucement vers la baie. La mer était en plein devant moi, et je vis nos hommes déjà remontés dans la chaloupe, qui se dirigeaient à force de rames vers le navire. J'allais les hâler, ce qui pourtant n'eût servi à grand'chose, quand j'aperçus un être énorme, marchant dans la mer après eux aussi vite qu'il pouvait; l'eau ne lui venait guère au-dessus des genoux et il faisait de prodigieuses enjambées. Mais nos hommes avaient une demi-lieue d'avance sur lui, et, comme la mer est, dans ces parages, remplie de roches très pointues, le monstre ne put attraper la chaloupe. Du moins, on me le dit plus tard, car je n'osai pas rester là à attendre l'issue de l'aventure, mais je me mis à courir aussi vite que je pouvais

dans la direction où j'étais allé d'abord, puis grimpai sur une colline escarpée, ce qui me permit de voir une partie du pays. Je le trouvai partout cultivé, mais ce qui me surprit d'abord fut la hauteur de l'herbe, car dans les terrains que je pris pour des champs destinés au foin, elle avait près de vingt pieds de haut.

Je tombai sur une grande route, du moins elle me parut telle, quoiqu'elle ne fût pour les habitants qu'un petit sentier qui traversait un champ d'orge. Là je marchai pendant une heure avant d'arriver à l'extrémité de ce champ, qui était enclos d'une haie, haute de cent-vingt pieds au moins ; quant aux arbres, ils étaient si grands qu'il me fut impossible d'en supputer la hauteur. Il y avait un escalier de pierre à gravir, pour aller de ce champ dans le champ voisin. L'escalier avait quatre marches, et quand on les avait montées, il fallait passer par-dessus une pierre qui se trouvait au sommet. Il me fut impossible de gravir cet escalier, parce que chaque marche avait six pieds de haut et la pierre du sommet au moins vingt. J'essayais de trouver quelque ouverture dans la haie, quand j'aperçus dans le champ voisin un des habitants qui s'avançait vers l'escalier ; il était de la même taille que celui que j'avais vu dans la mer poursuivant notre chaloupe. Il paraissait aussi haut que la flèche d'un clocher ordinaire et faisait des enjambées de dix yards, autant que j'en pouvais juger. Je fus saisi d'une frayeur et d'un étonnement extrêmes et je courus me cacher dans les blés, d'où je pus le voir au sommet de l'escalier, regardant en arrière dans le champ voisin, à droite ; je l'entendis appeler d'une voix beaucoup plus retentissante que si elle fût sortie d'un porte-voix et le son était si élevé dans l'air que d'abord je crus sincèrement que c'était le tonnerre. Aussitôt sept monstres comme lui s'avancèrent, tenant leurs faucilles à la main, chaque faucille étant à peu près de la grandeur de six faux. Ces gens n'étaient pas si bien habillés que le premier, dont ils semblaient être les domestiques ou les ouvriers, car, sur quelques mots qu'il leur dit, ils allèrent pour couper le blé dans le champ où j'étais. Je me tenais aussi éloigné d'eux que je pouvais, mais je ne me remuais qu'avec une extrême difficulté, car les tiges de blé n'étaient pas quelquefois distantes de plus d'un pied les unes des autres, de sorte que je pouvais à peine me glisser entre elles. Pourtant je réussis à avancer et je parvins à une partie du champ où la pluie et le vent avaient couché le blé. Là, il me fut impossible de faire un pas de plus, car les tiges étaient si entrelacées qu'il n'y avait pas moyen de ramper à travers et les barbes des épis tombés étaient si fortes et si pointues qu'elles perçaient mes habits et m'entraient dans la chair. En même temps j'entendais les moissonneurs qui n'étaient pas à plus de cent yards de moi.

N'en pouvant plus de fatigue, complètement anéanti de douleur et de désespoir, je me couchai entre deux sillons et souhaitai du fond du cœur de pouvoir y finir mes jours. Je pleurai ma veuve désolée et mes enfants orphelins et je me lamentai sur ma folie et mon entêtement qui m'avaient fait entreprendre un second voyage, contre l'avis de tous mes amis et de tous mes parents.

Dans cette terrible agitation d'esprit, je ne pouvais m'empêcher de penser à Lilliput, dont les habitants me considéraient comme le plus grand prodige qui eût jamais paru dans le monde, où j'étais capable d'entraîner une flotte impériale d'une seule main et d'accomplir d'autres actions, dont le souvenir sera conservé à jamais dans les chroniques de l'empire, et que la postérité ne croira

Il me prit et me leva à trois yards de ses yeux... (page 30).

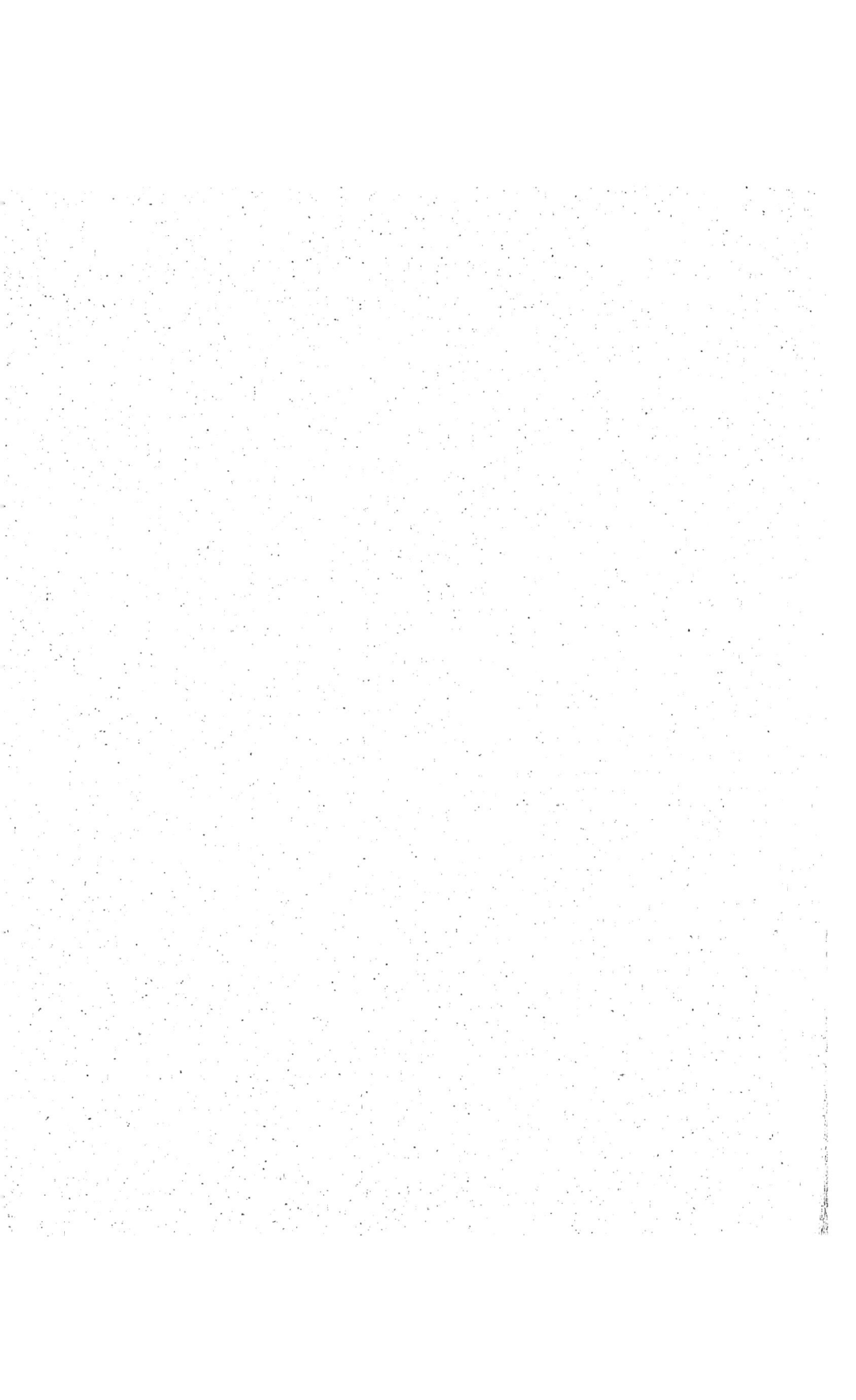

qu'avec peine, quoique attestées par des millions de
témoignages. Je songeai à la mortification que ce devait
être pour moi de paraître aussi insignifiant dans cette
nation qu'un Lilliputien le serait parmi nous. Mais je
regardais cela comme le moindre de mes malheurs, car
puisque l'on remarque que les créatures humaines sont
sauvages et cruelles en proportion de leur taille, à quoi
pouvais-je m'attendre, si ce n'est à ne fournir qu'un morceau à la bouche du premier de ces énormes barbares
qui arriverait à me saisir? En vérité les philosophes ont
raison quand ils nous disent qu'il n'y a rien de grand ou
de petit que par comparaison. Il aurait pu plaire à la
Fortune de faire trouver aux Lilliputiens quelque nation
où les individus auraient été aussi minuscules par rapport
à eux qu'ils l'étaient par rapport à moi. Et qui sait si
cette race gigantesque de mortels elle-même ne pourrait
pas aussi être dépassée, dans quelque lointaine partie du
monde que nous n'avons pas encore découverte?

Terrifié et confondu comme je l'étais, je ne pouvais
néanmoins m'empêcher de me laisser aller à ces réflexions,
quand un des moissonneurs s'approchant à dix yards du
sillon où j'étais couché, me fit craindre que s'il faisait
encore un pas, je ne fusse écrasé sous son pied ou coupé
en deux par sa faucille. C'est pourquoi, comme il allait
se remettre à marcher, je me mis à crier de toute la
force que la frayeur me donnait. Le géant s'arrêta
court, et, après avoir quelque temps regardé autour de
lui, il finit par me découvrir couché à terre. Il me con-
sidéra quelque temps avec la circonspection d'un
homme qui tâcherait d'attraper un petit animal dangereux, de manière qu'il n'en soit ni égratigné ni mordu,
comme j'avais fait moi-même quelquefois à l'égard d'une
belette en Angleterre. A la fin il se risqua à me prendre

par derrière et par le milieu du corps entre le pouce et l'index et me leva à trois yards de ses yeux, afin de m'examiner plus exactement. Je devinai son intention et ma bonne fortune me donna assez de présence d'esprit pour penser à ne faire aucune résistance pendant qu'il me tenait en l'air à plus de soixante pieds du sol, quoiqu'il me serrât douloureusement les flancs de crainte que je ne glissasse d'entre ses doigts. Tout ce que j'osai faire fut de lever les yeux vers le soleil, de joindre mes mains dans une posture suppliante et de prononcer quelques mots d'un ton humble et mélancolique convenant à la situation où je me trouvais, car j'appréhendais à chaque instant qu'il ne me lançât à terre, comme nous faisons ordinairement avec les petits animaux répugnants que nous voulons détruire.

Ma bonne étoile avait décidé que ma voix et mes gestes devaient lui plaire et il se mit à m'examiner comme une curiosité, émerveillé de m'entendre prononcer des mots articulés, quoiqu'il ne pût les comprendre. Cependant je ne pouvais m'empêcher de gémir et de verser des larmes, et, en tournant la tête, je tâchais de lui faire comprendre combien il me faisait cruellement souffrir par la pression entre son pouce et son doigt. Il parut me comprendre, car, levant un pan de son habit, il me mit doucement dedans et aussitôt il courut en m'emportant vers son maître, qui était un riche fermier et le même homme que j'avais d'abord vu dans le champ.

Le fermier ayant, — comme je le supposais d'après leur conversation, — reçu de son domestique les explications que celui-ci pouvait lui donner à mon sujet, prit un brin de paille, à peu près de la grosseur d'une canne, avec lequel il souleva les pans de mon habit, qu'il me parut prendre pour une espèce de fourrure que la nature m'avait donnée. Il souffla sur mes cheveux pour mieux voir ma figure, puis appela ses domestiques et leur demanda s'ils avaient jamais vu dans les champs une

créature qui me ressemblât. Après, il me plaça douce-ment à terre sur les quatre pattes, mais je me levai immé-diatement et me mis à marcher lentement, allant et venant, pour bien leur faire voir que je n'avais pas l'in-tention de me sauver. Ils s'assirent tous en rond autour

de moi pour mieux observer mes mouvements. Je retirai
mon chapeau et fis une grande révérence au fermier. Je
tombai à genou, levai les mains et la tête et prononçai
quelques mots aussi haut que je pus. Je tirai ma bourse
pleine d'or de ma poche et la lui présentai humblement.
Il la reçut dans la paume de sa main et la porta près de
son œil pour voir ce que c'était, puis il la retourna
plusieurs fois avec la pointe d'une épingle qu'il tira de
sa manche, mais il ne put s'expliquer ce que c'était. Sur
cela je lui fis signe de mettre sa main à terre, et prenant
la bourse, je l'ouvris et versai toutes les pièces d'or dans
le creux de sa main. Il y avait six pièces espagnoles
de quatre pistoles chacune, sans compter vingt ou trente
pièces plus petites. Je le vis mouiller le bout de son
petit doigt sur sa langue et lever une de mes plus grosses
pièces, puis une autre, mais il semblait ignorer totale-
ment ce que c'était. Il me fit signe de les remettre dans
ma bourse et la bourse dans ma poche. Après les lui
avoir vainement offertes encore plusieurs fois, je pensai que c'était ce que j'avais de mieux à faire.

Le fermier avait fini par se convaincre que je devais
être une créature raisonnable. Il me parlait souvent,
mais le son de sa voix me cassait les oreilles comme
celui d'un moulin à eau ; ses mots pourtant étaient assez
bien articulés. Je lui répondais aussi haut que je pouvais
en plusieurs langues, mais inutilement, car nous étions
absolument inintelligibles l'un pour l'autre. Il renvoya
alors ses gens à leur besogne, et, tirant son mouchoir de
sa poche, il le plia en deux et l'étendit sur sa main gauche
qu'il avait mise à terre à plat, la paume en dehors ; il me
fit signe d'entrer dedans, ce que je pouvais faire aisé-
ment, car elle n'avait pas plus d'un pied d'épaisseur. Je
crus devoir obéir, mais de peur de tomber, je m'étendis

tout de mon long sur le mouchoir. Pour plus de sécurité il m'enveloppa jusqu'à la tête et m'emporta de cette façon chez lui. Là, il appela sa femme et me montra à elle, mais elle jeta des cris et recula, comme font les femmes d'Angleterre à la vue d'un crapaud ou d'une araignée. Cependant, quand elle eut vu pendant quelque temps comment je me conduisais et avec quelle attention j'observais les signes de son mari, elle se familiarisa bientôt et peu à peu devint extrêmement bonne pour moi.

Il était près de midi et une domestique apporta le dîner. Il ne se composait que d'un gros morceau de viande, comme il convient à la condition simple d'un laboureur. Quant au plat, il n'avait pas moins de vingt-quatre pieds de diamètre. Les convives étaient le laboureur et sa femme, trois enfants et une vieille grand'mère. Quand ils furent assis, le fermier me plaça à quelque distance de lui sur la table, qui était élevée de trente pieds au-dessus du plancher. J'avais une frayeur terrible, et je me tins aussi loin du bord que je pus, de crainte de tomber. La femme coupa une tranche de viande très mince, puis elle émietta du pain sur une assiette de bois, qu'elle plaça devant moi. Je lui fis une grande révérence, et, après avoir tiré mon couteau et ma fourchette, je me mis à manger, ce qui lui causa un plaisir extrême. La maîtresse envoya sa servante chercher un tout petit verre à liqueur, qui contenait environ deux gallons, et le remplit de boisson. Je pris avec beaucoup de difficulté le verre dans mes deux mains, et d'une manière très respectueuse, je bus à la santé de Madame, m'exprimant en anglais le plus haut que je pouvais, ce qui fit rire la compagnie de si bon cœur que le bruit faillit me rendre sourd. Cette boisson avait à peu près le goût du petit cidre et n'était pas désagréable. Le maître me fit alors signe de venir à côté de son assiette, mais comme je marchais sur le table, abasourdi, — le lecteur indulgent le comprendra et l'excusera sans peine — je trébuchai contre une croûte et tombai tout de mon long sur le nez mais sans me faire de mal. Je me relevai aussitôt, et remarquant que ces bonnes gens étaient très inquiets, je pris mon chapeau, — que je tenais sous mon bras pour observer les bonnes manières — puis je l'agitai au-dessus de ma tête et poussai trois « hourra ! » pour bien montrer que je n'avais pas été blessé dans ma chute. Puis, comme je m'avançai vers mon maître, — c'est le nom que je lui donnerai désormais, — son plus jeune fils, polisson d'environ dix ans ; qui était assis auprès de lui, me prit par les jambes et me tint suspendu si haut en l'air que je tremblais de tous mes membres. Mais son père m'arracha de ses mains et en même temps lui administra sur l'oreille gauche un tel soufflet qu'il en aurait renversé un escadron de cavalerie européenne, puis il lui ordonna de quitter la table. Mais craignant que l'enfant ne gardât quelque ressentiment contre moi et me rappelant combien tous les enfants chez nous sont naturellement méchants à l'égard des oiseaux, des lapins, des petits chats et des petits chiens, je me jetai à genoux et montrant le jeune garçon du doigt, je fis comprendre à son père que je le priais de pardonner à son fils. Le père y consentit et l'enfant reprit sa chaise ; alors j'allai à lui et lui baisai la main, que son père prit et avec laquelle il le fit me caresser gentiment.

Au milieu du dîner la chatte favorite de ma maîtresse sauta dans son giron. J'entendais derrière moi un bruit semblable à celui de douze tisseurs de bas à l'ouvrage, et, en tournant la tête, je reconnus que c'était le ron-ron de cette bête, qui me parut trois fois plus grosse qu'un bœuf, comme je le jugeai en voyant sa tête et une de ses pattes, pendant que sa maîtresse lui donnait à manger et lui faisait des caresses. L'air farouche de cet animal me déconcerta tout à fait, quoique je me tînsse à l'autre bout de la table, à une distance de plus de cinquante pieds, et quoique ma maîtresse la serrât contre elle, de peur qu'elle ne fît un bond et ne me saisît dans ses griffes. Mais il se trouva qu'il n'y avait aucun danger, car la chatte ne fit nullement attention à moi, après que mon maître m'eût mis à trois yards d'elle. Comme on me l'avait toujours dit et comme j'en avais moi-même fait l'expérience dans mes voyages, je savais que fuir ou montrer de la frayeur devant un animal féroce, c'est le moyen infaillible de le faire vous poursuivre et vous attraper, je résolus de faire bonne contenance dans cette dangereuse occasion. Je m'avançai avec intrépidité à cinq ou six reprises, juste en face de la tête de la chatte, jusqu'à un demi-yard d'elle. Elle reculait alors, comme si c'était elle, au contraire, qui avait peur de moi. J'eus beaucoup moins peur des chiens, quand trois ou quatre

entrèrent dans la salle, comme ils font ordinairement dans les maisons des fermiers. L'un d'eux était un mâtin, d'une grosseur égale à quatre éléphants et il y avait aussi un levrier, un peu plus haut que le mâtin, mais moins gros.

Sur la fin du dîner la nourrice entra portant dans ses bras un enfant d'un an qui m'aperçut aussitôt et commença, suivant l'art oratoire habituel des enfants, à pousser des cris tels que vous auriez pu les entendre du Pont de Londres à Chelsea, afin de m'avoir comme joujou. La mère, par pure faiblesse, me leva et me mit devant l'enfant, qui me saisit aussitôt par le milieu du corps et me fourra dans sa bouche; mais alors je me mis à hurler si fort, que l'enfant effrayé me laissa tomber et je me serais infailliblement cassé le cou, si la mère n'avait pas tenu son tablier sous moi. La nourrice pour amuser son bébé se servait d'un hochet, rempli de grosses pierres et attaché par un câble à la taille de l'enfant, mais ne réussissant pas à l'apaiser, elle fut forcée d'avoir recours au remède suprême en lui donnant à têter.

Je ne sais comment décrire cette monstrueuse poitrine, avec laquelle je ne saurais indiquer au lecteur curieux, aucun objet de comparaison, donnant une idée de sa grosseur, de sa forme et de sa couleur. Le sein était à peu près gros comme la moitié de ma tête, et sa nuance naturelle, était tellement parsemée de taches, de boutons et de marques de rousseur, que rien ne me semblait plus répugnant. Je la voyais de près, car elle s'était assise pour donner à têter plus commodément, et je me tenais debout sur la table. Ceci me suggéra des réflexions sur les peaux fines de nos dames anglaises, qui ne nous paraissent si belles que parce qu'elles sont de notre taille et que leurs défauts ne sont visibles qu'au microscope, qui nous montre expérimentalement que les peaux les plus fines et les plus blanches paraissent alors rudes, grosses et d'un vilain coloris.

Je me rappelle que, lorsque j'étais à Lilliput, le teint des gens minuscules du pays me semblait le plus délicat du monde. Comme je causais sur ce sujet avec un savant lilliputien qui était un de mes amis intimes, il me dit que ma figure lui paraissait bien plus fine et plus douce lorsqu'il était à terre que lorsqu'il la regardait de plus près, c'est-à-dire quand je le prenais dans ma main. Il me dit que c'était, au premier abord, une vue tout à fait répugnante ; il pouvait découvrir dans ma peau de grands trous, disait-il ; les poils de ma barbe étaient dix fois plus forts que les soies d'un sanglier, et mon teint, composé de couleurs diverses, présentait un aspect tout à fait désagréable. Et cependant je puis me permettre de dire en ma faveur que je suis aussi blond qu'aucun homme de mon pays, et que tous mes voyages ne m'avaient que fort peu hâlé. D'un autre côté, il me disait souvent, en me parlant des dames de la cour de l'empereur, que l'une avait des taches de rousseur, que la bouche de l'autre était trop grande et que telle autre avait un nez trop gros, choses que j'étais absolument incapable de discerner.

Je reconnais qu'il était assez naturel que cette réflexion me vînt à l'esprit ; je n'ai cependant pas voulu la passer sous silence, afin de ne pas laisser croire au lecteur que ces énormes créatures étaient réellement difformes. Je dois, au contraire, leur faire la justice de déclarer que c'est un peuple d'une belle race ; les traits de la figure de mon maître, particulièrement, bien qu'il ne fût qu'un fermier, me paraissaient, quand je le regardais à soixante pieds au-dessus de moi, parfaitement bien proportionnés.

Après le dîner, mon maître alla retrouver ses ouvriers, et à ce que je pus comprendre par sa voix et par ses gestes, il recommanda à sa femme de prendre le plus grand soin de moi. J'étais très las et j'avais une grande envie de dormir, et, ma maîtresse, s'en étant aperçue, me mit sur son lit et me couvrit avec un mouchoir blanc et propre, mais plus grand et de plus grosse toile que la grande voile d'un navire de guerre.

Je dormis pendant environ deux heures et rêvai que j'étais chez moi avec ma femme et mes enfants, ce qui augmenta mon affliction quand je m'éveillai et me trouvai seul, dans une vaste chambre, large de deux à trois cents pieds et haute de plus de deux cents, couché dans un lit de vingt yards de largeur.

Ma maîtresse était sortie pour les affaires de la maison et m'avait enfermé à clef. Le lit était élevé de huit yards au-dessus du plancher ; cependant quelques nécessités naturelles me pressaient de descendre, mais je n'osais appeler. Du reste, quand bien même je l'aurais fait, c'eût été inutile avec une voix comme la mienne et vu la distance qui séparait la chambre où j'étais couché de la cuisine où se tenait la famille.

Sur ces entrefaites deux rats grimpèrent le long des rideaux et se mirent à courir en tous sens sur le lit. L'un d'eux arriva presque sur mon visage. Je me levai tout effrayé et tirai mon sabre pour me défendre. Ces horribles bêtes eurent l'audace de m'attaquer des deux côtés et et l'un d'eux saisit le collet de mon justaucorps avec ses pattes de devant, mais je réussis à lui ouvrir le ventre

avant qu'il eût pu me faire aucun mal. Il tomba à mes
pieds ; l'autre, voyant le sort de son camarade, s'enfuit,
non sans recevoir une bonne blessure que je lui infligeai
pendant qu'il se sauvait et qui fit ruisseler son sang.

Après cet exploit, je me promenai doucement de long en
large sur le lit, pour reprendre haleine et recouvrer mes
esprits. Ces animaux étaient de la grosseur d'un mâtin,
mais infiniment plus agiles et plus féroces, de sorte que
si j'avais enlevé mon ceinturon en me couchant, j'aurais
été infailliblement mis en pièces et dévoré. Je mesurai la

queue du rat mort et trouvai qu'elle était longue de deux yards moins un pouce. Je ne me sentais pas le cœur assez solide pour traîner cette carcasse hors du lit et elle y resta toute saignante. Ayant cependant remarqué que le rat n'était pas tout à fait mort, je l'achevai d'un coup de sabre à travers le cou.

Bientôt après ma maîtresse rentra dans la chambre, et, me voyant couvert de sang, elle accourut et me prit dans sa main. Je lui montrai avec mon doigt le rat mort, en souriant et en faisant d'autres signes pour lui faire comprendre que je n'étais pas blessé, ce qui lui causa beaucoup de joie. Elle appela la servante pour prendre le rat mort avec une paire de pincettes et le jeter par la fenêtre. Là, je lui montrai mon sabre tout sanglant et je le remis au fourreau, après l'avoir essuyé au pan de mon justaucorps.

J'étais pressé de faire plus d'une chose qu'un autre ne pouvait pas faire pour moi, et je m'efforçais de faire comprendre à ma maîtresse que je désirais être déposé sur le plancher. Après qu'elle l'eut fait, la décence me défendait de lui faire comprendre ce que je désirais autrement qu'en montrant la porte du doigt et en me baissant à plusieurs reprises. L'excellente femme finit à force de bonne volonté, par comprendre ce que je voulais, et, après m'avoir repris dans sa main, elle me porta jusqu'au jardin, où elle me déposa à terre. Je m'écartai d'environ deux cents yards et lui fis signe de ne pas me regarder ni me suivre, puis, m'étant caché entre deux feuilles d'oseille, je satisfis les besoins de la nature.

J'espère bien que l'aimable lecteur m'excusera si je m'arrête sur ces détails et sur d'autres semblables qui, si insignifiants qu'ils puissent paraître aux esprits vulgaires et hypocrites, aideront certainement un homme sensé à donner de l'essor à son imagination, à élargir sa pensée et à les appliquer au bien public ou à celui des citoyens.

C'est le but unique que je me propose en publiant ce récit et celui de mes autres voyages autour du monde. En les écrivant je n'ai eu d'autre souci que la vérité, sans affecter aucun ornement d'érudition ou de style.

Ce que j'observai dans ce voyage fit d'ailleurs une si forte impression sur mon esprit et est resté si profondément gravé dans ma mémoire, que je n'ai pas omis une seule circonstance importante. Pourtant, — après sérieux examen, — j'ai cru devoir rayer quelques passages de moindre intérêt qui se trouvaient dans ma rédaction primitive, de peur d'encourir le reproche d'être rabâcheur et méticuleux, défauts dont on accuse surtout les voyageurs, — cela peut-être non sans raison.

CHAPITRE II

CHAPITRE II

Portrait de la fille du fermier. — L'auteur est porté au marché de la ville, puis à la
capitale. — Détails de son voyage.

A maîtresse avait une fille de neuf ans,
une enfant assez avancée pour son âge,
très habile aux travaux de couture et
fort adroite à habiller sa poupée. Sa
mère, de concert avec elle, s'avisa de
m'arranger le berceau de la poupée
pour la nuit. Le berceau fut mis sur un petit tiroir
de commode, et le tiroir placé sur une tablette sus-
pendue, de peur des rats. Ce fut là mon lit, tout le temps
que je restai chez ces gens. Cette jeune fille était si
adroite, qu'après que je me fus déshabillé une ou deux
fois en sa présence, elle fut capable de m'habiller et de me
déshabiller, quoique je ne lui donnasse jamais cette
peine lorsqu'elle voulait bien me le laisser faire moi-
même. Elle me fit sept chemises et d'autres pièces de lin-

gerie de la toile la plus fine qu'on put trouver, laquelle était pourtant encore plus grosse que de la toile de sac. En outre elle me les lavait toujours de ses propres mains. Elle était encore mon institutrice, pour m'enseigner la langue. Quand je montrais quelque chose du doigt, elle m'en disait le nom dans son langage, de sorte qu'en peu de jours je fus capable de demander tout ce que je désirais. Elle avait un très bon caractère et sa taille n'excédait pas quarante pieds, étant petite pour son âge. Elle me donna le nom de *Grildrig,* que la famille adopta, de même que plus tard tout le royaume. Ce mot signifie ce que les Latins appellent *Homunculus,* les Italiens *Homunceletino* et les Anglais *Mannikin.* C'est à elle que je dois de n'être pas mort dans ce pays et nous ne nous séparâmes jamais tant que j'y restai. Je l'appelai ma *Glumdalclitch,* ou ma petite nourrice, et je serais bien ingrat si j'oubliais de rendre hommage à ses soins et à son affection pour moi. Je souhaite de tout mon cœur d'être à même de les reconnaître comme elle le mérite, au lieu d'être l'innocent mais malheureux instrument de sa disgrâce, comme j'ai trop de raison de le craindre.

On commençait à savoir et à répéter dans le voisinage que mon maître avait trouvé dans les champs un animal étrange, à peu près de la grosseur d'un *splackmuck,* mais d'une forme exactement semblable à celle d'une créature humaine, — qu'il imitait du reste dans toutes ses actions, — et qui semblait parler un petit langage à lui ; qu'il avait déjà appris plusieurs mots de la langue du pays, qu'il marchait debout sur ses deux jambes, était apprivoisé et doux, venait quand on l'appelait, faisait tout ce qu'on lui demandait, enfin avait les membres les plus délicats du monde et un teint plus blanc que celui de la fille d'un seigneur à l'âge de trois ans. Un autre fermier,

qui habitait tout près et était ami intime de mon maître
vint le voir pour savoir ce qu'il y avait de vrai dans cette
histoire.

On me fit venir aussitôt et on me mit sur une table où
je marchai comme on me l'ordonna ; je tirai mon sabre
et le remis dans son fourneau, fis ma révérence à l'hôte

de mon maître, lui demandant dans sa propre langue
comment il se portait et lui disant qu'il était le bienvenu,
exactement comme ma petite nourrice me l'avait enseigné. Cet homme qui était vieux et avait la vue faible,
mit ses lunettes pour mieux m'examiner, sur quoi je ne
pus m'empêcher de rire de bon cœur, car ses yeux
avaient l'air de la pleine lune brillant à travers les deux

fenêtres d'une chambre. Nos gens, qui découvrirent la cause de mon hilarité, se mirent à rire aussi, sur quoi le vieux bonhomme fut assez bête pour se fâcher et paraître tout décontenancé. Il passait pour être d'une avarice sordide, et, pour mon malheur, il méritait bien cette réputation ; il donna à mon maître le conseil détestable de me faire voir en spectacle un jour de marché à la ville voisine, qui était à une demi-heure de cheval, c'est-à-dire à environ vingt-deux milles de notre maison. Je devinais qu'il se manigançait quelque mauvaise affaire, lorsque je remarquai mon maître et son ami se parlant à l'oreille pendant assez longtemps, en me désignant de temps en temps du doigt, et, dans ma frayeur, je m'imaginais que je saisissais et comprenais quelques-unes de leurs paroles, D'ailleurs le lendemain matin, Glumdalclitch, ma petite nourrice, me raconta toute l'affaire, dont elle avait finement tiré les détails de sa mère. La pauvre fille me pressa contre son cœur en pleurant de honte et de douleur. Elle appréhendait qu'il ne m'arrivât du mal de la part des gens vulgaires et grossiers, qui pourraient m'étouffer en me serrant trop fort, ou me casser quelque membre en me prenant dans leurs mains. Elle avait aussi remarqué combien j'étais modeste de mon naturel et délicat en tout ce qui touchait mon honneur et elle sentait quelle ignominie, je ressentirais à être exposé en spectacle public pour de l'argent, devant la plus vile populace. Elle me dit que son père et sa maman avaient promis que Grildrig serait tout à elle, mais qu'elle voyait bien maintenant qu'ils voulaient le traiter comme ils l'avaient fait l'année précédente, quand ils avaient fait semblant de lui donner un agneau qui, dès qu'il avait été gros, avait été vendu au boucher.

Quant à moi, je puis affirmer que j'étais moins affligé

que ma nourrice. J'avais un ferme espoir. lequel ne m'abandonna jamais, que je recouvrerais un jour ma liberté, et quant à la disgrâce d'être porté çà et là comme un phénomène, je considérais que j'étais tout à fait étranger dans le pays et qu'une telle infortune ne pourrait certainement pas m'être reprochée, si jamais je retournais en Angleterre, car le roi de la Grande-Bretagne lui-même, dans ma situation, aurait dû subir le même sort.

Mon maître, suivant l'avis de son ami, m'emporta dans une caisse à la ville voisine, le prochain jour de marché, emmenant aussi sa petite fille, ma nourrice, sur un coussin, en croupe derrière lui. La caisse était fermée de tous côtés ; elle avait une petite porte pour me laisser entrer et sortir et quelques trous de vrille pour donner passage à l'air. La fillette avait eu le soin d'y mettre le matelas du lit de sa poupée pour me coucher dessus. Je fus cependant terriblement secoué et fatigué par ce voyage, qui ne dura pourtant qu'une demi-heure. Mais le cheval avançait d'environ quarante pieds à chaque pas et trottait si haut que le mouvement était égal à celui d'un navire soulevé et incliné par la vague pendant une grande tempête et, en outre, il était beaucoup plus fréquent. Le chemin était un peu plus long que celui de Londres à Saint-Albans. Mon maître descendit à une auberge qu'il avait l'habitude de fréquenter ; puis, après s'être consulté un moment avec l'hôte et avoir fait quelques préparatifs nécessaires, il loua le *Glultrud,* ou crieur public, pour annoncer à toute la ville l'exhibition à l'enseigne de l'Aigle-Verte, d'une créature étrange, moins grosse qu'un *Splacknuck,* — petit animal du pays, aux formes très fines, et long de six pieds environ, — ressemblant à une créature humaine dans toutes les parties de son corps, pouvant prononcer plusieurs mots et exécuter cents tours divertissants.

On me plaça sur une table dans la plus grande salle de l'auberge, qui pouvait bien avoir près de trois cents pieds carrés. Ma petite nourrice se tenait sur un tabouret bas tout près de la table, pour veiller sur moi et m'indiquer ce que je devais faire. Mon maître, pour éviter la foule, ne voulut admettre à me voir que trente personnes à la fois. Je marchais çà et là sur la table au commandement de la petite fille ; elle me faisait des questions qu'elle savait que ma connaissance de sa langue me permettait de comprendre et je lui répondais aussi haut que je pouvais. Je me tournais plusieurs fois vers la société, en offrant mes humbles respects, souhaitant la bienvenue et prononçant d'autres paroles qu'on m'avait enseignées. Je prenais un dé à coudre plein de boisson, que Glumdalclitch m'avait donné pour verre, et je buvais à la santé des visiteurs ; je tirais mon sabre, et faisais le salut à la façon des maîtres d'armes d'Angleterre. Ma nourrice me donna un bout de paille avec lequel je fis l'exercice de la pique, ayant appris ce jeu dans ma jeunesse. Je fus montré ce jour-là à douze fournées de spectacteurs et forcé de recommencer chaque fois les mêmes inepties, si bien que j'étais à moitié mort de lassitude et d'ennui. Ceux qui m'avaient vu faisaient des rapports si merveilleux que les gens étaient tout près d'enfoncer les portes pour

Je fis l'exercice de la pique avec un bout de paille... (page 50).

entrer. Mon maître, dans son propre intérêt, ne voulut
me laisser toucher par personne d'autre que ma nourrice
et, pour éviter tout danger, on avait rangé les bancs
autour de la table, à une distance telle que je me trouvais
hors de la portée de tout le monde. Cependant un polisson d'écolier me lança une noisette à la tête, et il s'en
fallut de bien peu qu'elle ne me touchât : elle arrivait avec
une telle violence, qu'elle m'aurait infailliblement fait
jaillir la cervelle du crâne, car elle était presqu'aussi
grosse qu'une petite citrouille. J'eus, par exemple, la
satisfaction de voir ce jeune vaurien vigoureusement
corrigé et mis à la porte de la salle.

Mon maître fit afficher qu'il me montrerait encore le
jour du marché suivant et, dans l'intervalle, il me fit
préparer un véhicule plus commode. Il avait de bonnes
raisons pour le faire, car j'étais si fatigué de mon premier
voyage et du spectacle que j'avais donné pendant huit
heures de suite, que c'est à peine si je pouvais me tenir
sur mes jambes ou articuler un mot. Je fus au moins
trois jours avant d'être rétabli, et, comme pour m'empêcher de me reposer un peu, même à la maison, tous les
gentilshommes du voisinage à cent milles à la ronde, qui
avaient entendu parler de moi s'empressèrent à la maison
de mon maître pour me voir. Il ne s'en présenta pas
moins de trente, avec leurs femmes et leurs enfants, —
car ce pays est très peuplé, — et chaque fois que mon
maître me faisait voir chez lui, il exigeait le prix d'une
salle comble, même s'il n'y avait qu'une seule famille. De
sorte que pendant quelque temps, bien que je ne fusse
pas emporté à la ville, je n'eus guère mes aises aucun
jour de la semaine, si ce n'est le mercredi qui est leur jour
férié, comme chez nous le dimanche.

Mon maître, voyant le profit que je pouvais lui rap-

porter, résolut de m'emmener dans les villes les plus
considérables du royaume. Après s'être muni de toutes
les choses nécessaires pour un long voyage et avoir réglé
ses affaires domestiques, il dit adieu à sa femme, et le
17 août 1703, environ deux mois après mon arrivée, nous
partîmes pour la capitale, située à peu près au centre de

cet empire, à environ trois mille milles de notre demeure.
Mon maître prit sa fille Glumdalclitch en croupe derrière
lui et elle me porta dans une boîte attachée autour de sa
taille. La petite fille avait doublé la boîte de toute part,
avec le drap le plus doux qu'elle avait pu trouver et bien
capitonnée en-dessous ; elle l'avait aussi meublée avec le
lit de sa poupée et m'avait muni de linge et autres objets
nécessaires ; bref, elle avait arrangé toute chose le plus
commodément qu'elle avait pu. Notre seul compagnon de

voyage était un garçon de la maison, qui trottait derrière nous avec les bagages.

Le dessein de mon maître était de me montrer dans toutes les villes se trouvant sur son passage et même de s'écarter dans un rayon de cinquante à cent milles, pour se rendre dans les bourgs ou dans les châteaux où il avait chance de trouver des clients. Nous faisions de petites journées de cent quarante à cent soixante milles au plus, car Glumdalclitch, exprès pour me ménager, se plaignait d'être fatiguée du trot du cheval. Souvent, quand je le désirais, elle

me tirait du fond de la caisse pour me donner de l'air et
me faire voir le pays, mais toujours en me maintenant
attaché par des lisières. Nous traversâmes cinq ou six
rivières, beaucoup plus larges et beaucoup plus pro-
fondes que le Nil ou le Gange et il n'y avait guère de ruis-

seau aussi petit que la Tamise au pont de Londres. Notre
voyage dura dix semaines, et on m'exhiba dans dix-
huit grandes villes, sans compter un grand nombre
de villages et de châteaux.

Le 26 octobre, nous arrivâmes à la capitale, appelée
dans leur langue *Larbrulgrud*, ou Orgueil de l'Univers.
Mon maître loua un appartement dans la principale rue
de la ville, à peu de distance du palais royal et il fit mettre

des affiches dans la forme ordinaire, dans lesquelles on
donnait une description exacte de ma personne et de mes
talents. Il loua une très grande salle de trois à quatre
cents pieds de largé, puis il se procura une table de
soixante pieds de diamètre, sur laquelle je devais jouer
mon rôle et il établit tout au tour, à trois pieds du bord
une palissade haute également de trois pieds pour m'empêcher de tomber. On m'exhibait dix fois par jour au
grand étonnement et à la satisfaction de tout le monde.
Je pouvais alors passablement parler la langue et j'entendais parfaitement tout ce qu'on me disait. J'avais d'ailleurs appris leur alphabet et j'étais capable de déchiffrer
une phrase par-ci par-là, car Glumdalclitch m'avait
donné des leçons pendant que nous étions à la maison
et pendant nos heures de loisir durant le voyage. Elle portait dans sa poche un petit livre, pas beaucoup plus gros
que l'atlas de Sanson ; c'était un traité populaire à l'usage
des jeunes filles et qui était un espèce de catéchisme en
abrégé. C'est avec ce livre qu'elle m'apprenait les lettres
et m'interprétait les mots.

CHAPITRE III

.

CHAPITRE III

LES exercices fatigants auxquels j'étais astreint chaque jour apportèrent un changement considérable à ma santé, car plus mon maître gagnait d'argent avec moi, plus il devenait insatiable. J'avais l'estomac complètement délabré et j'étais presque réduit à l'état de squelette. Le fermier l'observa, et concluant que j'étais condamné à mourir bientôt, il résolut de tirer de moi le meilleur parti qu'il pourrait. Pendant qu'il raisonnait ainsi et qu'il s'arrêtait à cette détermination, *un sardral*, ou huissier du palais, arriva de la part de la Cour et commanda à mon maître de m'y amener immédiatement pour l'amusement de la reine et de ses dames d'honneur. Quelques-unes de celles-ci étaient déjà venues me voir et avait rapporté des choses merveilleuses relativement à ma beauté, à ma conduite et à mon bon sens. Sa Majesté et les dames d'honneur de service furent ravies de mes manières. Je tombai à genoux et sollicitai l'honneur de baiser son pied impérial, mais cette gracieuse princesse, après m'avoir fait placer sur la table, me tendit son petit doigt que j'entourai de mes deux bras et dont je portai le bout à mes lèvres avec le plus profond respect. Elle me fit quelques questions générales sur mon pays et mes voyages, auxquelles je répondis aussi distinctement et en aussi peu de mots que je pus. Elle me demanda si je serais bien aise de vivre à la Cour. Je fis la révérence aussi bas que la table et répondis humblement que j'étais l'esclave de mon maître, mais que s'il ne dépendait que de moi, je serais fier de consacrer ma vie au service de Sa Majesté. Elle demanda alors à mon maître s'il était disposé à me vendre un bon prix. Lui, qui appréhendait que je n'eusse pas un mois à vivre, se montra assez prêt à se séparer de moi. Il demanda mille pièces d'or qui lui furent comptées sur le champ, — chaque pièce représentant à peu près la grosseur de huit cents moïdores, mais étant donnée la proportion entre toutes les choses de ce pays et celles de l'Europe et du prix élevé de l'or chez eux, cette somme représentait à peine mille guinées d'Angleterre. Je dis alors à la reine que puisque j'étais maintenant la très humble créature et le vassal de Sa Majesté, je venais lui demander comme une faveur que Glumdalclitch, qui m'avait toujours soigné avec tant de sollicitude et de bonté, — et qui savait si bien comment le faire, fût admise à entrer à son service et à continuer à être ma nourrice et mon professeur.

Sa Majesté agréa ma demande et obtint sans difficulté le consentement du fermier, qui était très content d'avoir sa fille en place à la Cour, et, quant à la pauvre fille, elle

Sa Majesté et les dames d'honneur furent ravies de mes manières .. (page 62)

ne pouvait cacher sa joie. Mon ancien maître se retira, et, en me disant adieu, il ajouta qu'il me laissait dans un bon service ; à quoi je ne répliquai pas un mot, me contentant de lui faire un léger salut.

La reine avait remarqué ma froideur, et quand le fermier eut quitté l'appartement, elle m'en demanda la raison. Je pris la liberté de répondre à Sa Majesté que je n'avais d'autre obligation à mon ancien maître que celle de n'avoir pas écrasé la tête d'une pauvre créature inoffensive, trouvée par hasard dans son champ, et que cette obligation était amplement compensée par le gain qu'il avait réalisé en m'exhibant dans la moitié du royaume et par le prix auquel il venait de me vendre ; que l'existence que j'avais menée depuis était assez fatigante pour tuer un animal dix fois plus fort que moi ? que ma santé était fortement ébranlée par la continuelle corvée d'amuser les gens du peuple à toute heure du jour, et que si mon maître n'avait pas cru ma vie en danger, Sa Majesté ne m'aurait pas eu à si bon compte. Mais comme je n'avais plus lieu de craindre d'être maltraité, sous la protection d'une si grande et si bonne impératrice, l'ornement de la nature, l'admiration du monde, les délices de ses sujets et le phénix de la création, j'espérais que les appréhensions de mon dernier maître ne se trouveraient pas fondées, car je sentais déjà mes esprits ranimés par l'influence de sa très auguste présence.

Tel fut le sommaire de mon discours que je débitai en faisant beaucoup de fautes et en hésitant souvent. La dernière partie était entièrement conçue dans le style particulier à ce peuple, dont Glumdalclitch m'avait enseigné quelques phrases pendant qu'elle me portait à la cour.

La reine, excusant avec beaucoup d'indulgence la difficulté que j'avais à m'exprimer, fut cependant surprise

de trouver tant d'esprit et de bon sens dans un petit être.
Elle me prit dans sa main et me
porta au roi, qui était alors re -
tiré dans son cabinet. Sa
Majesté, prince très grave
et d'une physionomie très
austère, ne remarquant
pas bien ma forme à

première vue, de-
manda froidement
à la reine depuis quand
un *splacknuck* lui pa-
raissait si attrayant, —
il m'avait pris pour un
de ces insectes, — car
pendant ce temps-là, j'é-
tais étendu sur la poitrine
dans la main droite de la reine.
Mais cette princesse, qui avait infiniment d'esprit et de bonne hu-
meur, me mit doucement sur mes
pieds, debout sur l'écritoire et m'ordonna de dire moi-même à Sa
Majesté qui j'étais. Je le fis en très
peu de mot. Glumdalclitch, qui
attendait à la porte du cabinet, et
qui ne pouvait souffrir que je fusse
hors de sa vue, fut introduite et con-
firma ce que j'avais dit relativement à ce qui s'était
passé depuis mon arrivée dans la maison de son père.

Le roi, tout en étant aussi instruit qu'aucune personne de ses Etats, avait été élevé dans l'étude de la philosophie et surtout des mathématiques ; cependant quand il eut attentivement examiné ma forme et qu'il m'eût vu marcher droit, avant que j'eusse commencé à parler, il s'imagina que je pouvais être une pièce d'un mécanisme d'horlogerie — industrie qui a atteint dans ce pays un très haut degré de perfection — exécutée par quelque ingénieux ouvrier. Mais lorsqu'il eut entendu ma voix et trouvé que ce que je disais était régulier et raisonnable, il ne put cacher son étonnement. Il ne parut nullement convaincu de la relation que je lui fis de la manière dont j'étais venu dans son royaume, mais il crut que c'était une histoire concertée entre Glumdalclitch et son père, qui m'avait appris à prononcer une série de mots pour me vendre plus cher. Dans cette idée il m'adressa plusieurs autres questions auxquelles je continuai à répondre d'une façon raisonnable, et tout ce que l'on pouvait me reprocher se bornait à mon accent étranger, à ma connaissance imparfaite de la langue et à quelques expressions rustiques que j'avais apprises chez le fermier et qui ne s'accordaient pas avec le langage poli d'une cour.

Sa Majesté envoya chercher les trois grands savants

qui faisaient leur service de semaine, suivant l'habitude de ce pays. Ces messieurs, après avoir pendant quelque temps examiné mes formes avec la plus grande attention, exprimèrent des opinions différentes à mon sujet. Ils convinrent tous cependant que je ne pouvais pas être produit suivant les lois ordinaires de la nature, parce que j'étais dépourvu des moyens naturels de protéger ma vie, soit par l'agilité, soit par la facilité de grimper sur un arbre, soit par une aptitude à creuser des trous dans la terre. Ils admirent, après un long et minutieux examen de mes dents que j'étais un animal carnivore, mais comme je n'étais pas de taille à lutter avec la plupart des quadrupèdes et que les mulots et autres espèces plus petites encore étaient trop agiles pour moi, ils ne pouvaient comprendre comment je parviendrais à me nourrir, si ce n'est en mangeant des escargots et autres insectes, — ce qui était une chose matériellement impossible, comme ils se faisaient fort de le démontrer par les plus savants arguments. Un de ces docteurs avança que je pouvais être un embryon, ou bien encore un avorton, mais cette opinion fut rejetée par les deux autres, qui firent observer que mes membres étaient parfaits et bien proportionnés, et que j'avais vécu plusieurs années, comme l'indiquait suffisamment ma barbe, dont ils pouvaient voir distinctement les poils à la loupe. On ne voulut pas admettre que j'étais un nain, parce que ma petitesse était hors de comparaison, car le nain favori de la reine, le plus petit qu'on eût jamais vu dans ce royaume, avait près de trente pieds de haut. Après une longue discussion, ils conclurent unanimement que je n'étais qu'un *relplum scalcath*, ce qui se traduit littéralement par *lusus naturæ*; définition tout à fait conforme à la philosophie moderne de l'Europe, dont les profes-

seurs, dédaignant le vieux substerfuge des causes
occultes, à la faveur duquel les sectateurs d'Aristote
essayaient en vain de cacher leur ignorance, — ont inventé
cette merveilleuse solution de toutes les difficultés, pour
le plus grand progrès possible des connaissances
humaines.

Après cette décision concluante, je demandai à dire un
mot ou deux. Je m'adressai au roi et assurai Sa Majesté
que je venais d'un pays où existaient plusieurs millions
d'individus des deux sexes, d'une taille égale à la mienne;
où les animaux, les arbres, les maisons avaient une
grandeur proportionnelle, et où, par conséquent, j'étais
aussi bien en état de me défendre et de trouver ma nourriture, qu'aucun des sujets de sa majesté pouvait le faire
ici, et que je considérais cela comme une réponse concluante à tous les arguments de ces messieurs. Ils se
contentèrent de sourire dédaigneusement, en disant que
le fermier m'avait très bien fait la leçon. Le roi, qui avait
beaucoup plus de bon sens, congédia ses savants et
envoya chercher le laboureur, qui, par bonheur, n'était
pas encore parti de la ville. L'ayant d'abord interrogé en
particulier, et puis l'ayant confronté avec moi et avec la
jeune fille, Sa Majesté commença à croire que ce que
nous lui avions dit pouvait être vrai.

Il pria la reine de donner l'ordre qu'on prît de moi un
soin tout particulier et fut d'avis que l'on continuât à me
laisser sous la conduite de Glumdalclitch, car il avait
remarqué que nous avions une grande affection l'un
pour l'autre. On lui prépara un appartement convenable
à la cour et on lui donna une gouvernante, chargée de
prendre soin de son éducation, une femme de chambre
pour l'habiller et deux autres servantes pour le gros
ouvrage, mais elle fut seule chargée de veiller sur moi.

La reine donna aussi ordre à son ébéniste de me faire faire une boîte qui pût me servir de chambre à coucher sur le modèle que Glumdalclitch et moi lui donnerions. Cet homme était un ouvrier très ingénieux, et, sous ma direction, il eut terminé en trois semaines, une chambre en bois de seize pieds carrés et de douze pieds de haut, avec des fenêtres à coulisses, une porte et deux cabinets, tout comme une chambre à coucher de Londres. La planche qui formait le plafond pouvait être levée et abaissée à l'aide de deux charnières, pour y faire entrer un lit tout garni par le tapissier de Sa Majesté. Glumdalclitch le mettait à l'air tous les jours, le faisait elle-même et le replaçait le soir, avant de refermer le toit sur moi. Un ouvrier spécial, renommé pour les ouvrages curieux et délicats, entreprit de me faire deux chaises, avec cadres et dossiers, d'une matière semblable à l'ivoire, ainsi que deux tables et une armoire pour mettre mes effets.

Cette chambre était capitonnée de tous côtés, le plancher aussi bien que le plafond, pour prévenir tout accident pouvant résulter de la négligence de mes porteurs et pour amoindrir la violence des secousses quand j'irais en voiture. Je demandai qu'on mît une serrure à ma porte pour empêcher les souris et les rats d'entrer. Le serrurier, après plusieurs essais, fabriqua la serrure la plus petite qu'on eût jamais vue chez eux, car je me rappelais en avoir vue une pas beaucoup plus grosse à la grille de la maison d'un gentilhomme en Angleterre. Je m'arrangeai de façon à garder la clef dans une poche à moi, par crainte que Glumdalclitch ne la perdît. La reine commanda en outre les toiles les plus fines qu'on pourrait trouver pour me faire des habits, qui ne furent pas beaucoup plus épais qu'une couverture anglaise et

qui me gênèrent énormément jusqu'à ce que j'y fusse
habitué. Ils étaient coupés à la mode du pays qui tient
à la fois du costume persan et du costume chinois, le

tout formant un costume
grave et tout à fait respec-
table.

La reine appréciait tellement ma société qu'elle ne
pouvait dîner sans moi. J'a-
vais une table placée sur celle
même où Sa Majesté man-
geait, juste à côté de son coude
gauche, avec une chaise pour
m'asseoir. Glumdalclitch se
tenait près de la table, debout sur un tabouret placé
sur le plancher, pour m'assister et prendre soin de moi.
J'avais tout un service de plats et d'assiettes en argent,
ainsi que les autres ustensiles nécessaires, lesquels en
proportion avec ceux dont se servait la reine, n'étaient

guère plus gros que ce que j'avais vu à Londres dans les boutiques de jouets pour un ménage de bébé. Ma petite nourrice portait ce service dans sa poche, serré dans une boîte d'argent, me les donnait aux repas, quand j'en avais besoin et les nettoyait toujours elle-même. Personne ne dînait avec la reine, excepté les deux princesses royales, dont l'aînée avait seize ans et la cadette treize ans et un mois. Sa Majesté avait l'habitude de mettre un morceau de viande sur un de mes plats et je découpais moi-même ce que je désirais. Cela semblait être pour elle un amusement que de me voir manger en miniature, car, bien qu'elle eût un estomac délicat, la reine prenait dans une seule bouchée, autant qu'une douzaine de fermiers anglais pourraient manger à un repas, ce qui fut pendant quelque temps un spectacle très écœurant pour moi. Elle pouvait croquer entre ses dents une aile d'alouette, os et tout, quoique cette aile eût neuf fois la valeur d'un gros dindon et le morceau de pain qu'elle mettait en même temps dans sa bouche valait bien en grosseur deux pains de vingt-quatre sous. Elle buvait dans un gobelet d'or plus d'une barrique d'un coup. Ses couteaux étaient deux fois aussi grands qu'une faux qu'on aurait emmanchée droit. Les cuillères, les fourchettes et ustensiles étaient tous dans la même proportion. Je me souviens qu'un jour où Glumdalclitch m'avait mené voir, par curiosité, quelques-unes des tables de la cour, où dix ou douze de ces énormes couteaux et fourchettes étaient levés ensemble, je crus n'avoir jamais vu jusque-là de spectacle aussi terrible.

Il est d'usage que chaque mercredi, — qui est chez eux, le jour du Sabbat, le roi et la reine, avec les enfants royaux des deux sexes, dînent ensemble dans les appartements de Sa Majesté, dont j'étais devenu un grand favori, et,

dans ces occasions, on plaçait ma petite chaise et ma petite
table à la main gauche du roi, devant une des salières.

Ce prince prenait plaisir à s'entretenir avec moi, m'in-
terrogeant sur les mœurs, la religion, les lois, le gouvernement et la littérature de l'Europe et j'essayais de
lui en rendre compte le mieux que je pouvais. Son esprit
était si pénétrant et son jugement si clair qu'elles lui
suggéraient des réflexions et des observations très sages
sur tout ce que je lui disais. Je dois pourtant avouer que
lorsque j'avais disserté un peu trop longtemps sur mon
pays bien aimé, sur notre commerce, nos guerres sur
terre et sur mer, nos schismes religieux et les partis qui
divisent l'Etat, les préjugés de son éducation se manifes-
taient si fortement qu'il ne pouvait s'empêcher de me
prendre dans sa main droite, et, après m'avoir gentiment
tapoté avec l'autre, de me demander, en riant de bon
cœur, si j'étais Whig ou Tory. Puis, se tournant vers
son premier ministre, qui se tenait derrière lui, ayant à
la main un bâton blanc, presque aussi long que le grand
mât du *Royal Souverain*, il faisait remarquer combien
la grandeur humaine est chose méprisable, puisque de
miniscules insectes comme moi peuvent la singer. « Et
même, disait-il, je gagerais, que ces êtres infimes ont
leurs titres et leurs distinctions honorifiques ; qu'ils cons-
truisent de petits nids et de petits terriers qu'ils appellent des maisons et des cités ; qu'ils aiment, se battent,
discutent, volent et trahissent. » Et il continuait sur ce
thème, pendant que je changeais plusieurs fois de couleur, indigné que j'étais d'entendre traiter si dédaigneusement notre noble pays, le maître des arts et des armes,
le fléau de la France, l'arbitre de l'Europe, le siège de la
la vertu, de la piété, de l'honneur et de la vérité, l'orgueil
et l'envie du monde entier.

Pourtant comme je n'étais pas en situation de relever les insultes, j'en arrivai, après mûre réflexion, à douter si j'étais insulté ou non. Effectivement, après m'être, au bout de plusieurs mois, accoutumé à la vue et à la conversation de ces gens, après avoir observé que tous les objets sur lesquels je jetais les yeux leur étaient proportionnés en grandeur, la répulsion que m'avaient d'abord inspirée leur masse et leur aspect se dissipa si bien que si j'avais alors eu devant moi une société de dames et de lords anglais dans leurs atours et leurs habits de fête, jouant leurs différents rôles en courtisans consommés, se pavanant, saluant et jacassant, j'aurais été, je l'avoue, fortement tenté de rire d'eux, autant que le roi et les grands seigneurs de sa cour riaient de moi. Je ne pouvais non plus m'empêcher de sourire de moi-même, lorsque la reine, comme cela lui arrivait souvent, me mettait sur sa main en face d'une glace, où nos deux personnes m'apparaissaient ensemble des pieds à la tête. Rien ne pouvait être plus ridicule que cette comparaison, si bien que je commençai à m'imaginer que j'avais rapetissé de plusieurs degrés au-dessous de ma taille naturelle.

Rien ne m'irritait et ne me mortifiait autant que le nain de la reine, qui, étant de la taille la plus petite qu'on eût jamais vue dans ce pays, (car je crois, en vérité, qu'il n'avait pas plus de trente pieds de haut,) devint si insolent à la vue d'une créature beaucoup plus petite que lui, qu'il affectait toujours de me regarder d'un air menaçant quand il passait devant moi dans l'antichambre de la reine, pendant que j'étais debout sur quelque table à causer avec les seigneurs et les dames de la cour et il manquait rarement de lancer deux ou trois mots blessants sur ma petitesse. Je ne pouvais m'en venger qu'en l'appelant « frère », en le défiant à la lutte et en lui décochant quelques-unes de ces saillies habituelles entre pages de cour.

Un jour à dîner, ce méchant petit singe fut si mortifié de quelque chose que je lui avais dit, que s'étant haussé sur le banc de Sa Majesté, pendant que j'étais tranquillement assis sans songer à mal, il me prit par le milieu du corps et me laissa tomber dans un grand bol d'argent plein de crême, après quoi il se sauva aussi vite qu'il put. J'en eus par-dessus les oreilles, et si je n'avais pas été bon nageur, j'aurais pu passer un très mauvais quart d'heure, car, à ce moment-là Glumdalclitch se trouvait être à l'autre extrémité de la pièce, et la reine était si effrayée qu'elle n'eut pas la présence d'esprit de m'aider. Heureusement ma petite gouvernante accourut à mon secours et me retira, après que j'eus avalé plus de deux pintes de crême. On me mit au lit, mais je n'eus d'autre mal que la perte d'un vêtement qui fut tout à fait gâté. Le nain fut vigoureusement fouetté et forcé, comme surcroît de châtiment, de boire le bol de crême dans lequel il m'avait jeté. Il ne revint jamais en faveur, et, quelque temps après, la reine en fit présent à une dame de haute qualité, de sorte que je ne le revis plus, à ma très grande satisfaction, car je n'aurais su dire à quelles extrémités ce méchant drôle aurait porté son ressentiment.

Il m'avait déjà fait auparavant une très mauvaise farce, qui avait fait rire la reine, bien qu'au fond elle fût sincèrement contrariée, et pour laquelle elle l'aurait immédiatement cassé aux gages, si je n'avais pas eu la générosité d'intercéder pour lui. Sa Majesté avait pris un os à moelle sur son assiette, et, après en avoir fait tomber la moelle, elle l'avait remis sur le plat, tout droit, comme il était auparavant. Le nain, qui guettait l'occasion, profita du moment où Glumdalclitch était allée au buffet pour grimper sur le tabouret où elle se tenait pour prendre soin de moi pendant les repas ; alors il m'enleva dans ses mains, et serrant mes jambes l'une contre l'autre, il les enfila dans l'os à moelle, jusqu'au-dessus de ma ceinture, et je restai planté là-dedans quelque temps, faisant très piteuse figure. Je crois qu'il se passa bien une minute, avant que personne sût ce que j'étais devenu, car je jugeai qu'il serait indigne de moi de crier. Comme les princes sont rarement servis chaud, mes jambes ne furent pas brûlées, mais mes bras et mes culottes se trouvaient dans un triste état. Grâce à mon intervention, le nain, pour toute punition, fut seulement fouetté d'importance.

La reine me plaisantait souvent à propos de ma timidité et elle avait l'habitude de me demander si tous les gens de mon pays étaient d'aussi grands poltrons que moi. Voici ce qui avait donné lieu à ces railleries : Le pays est infesté de mouches en été et ces odieux insectes, aussi gros chacun qu'une allouette de Dunstable, me laissaient à peine un moment de répit pendant le dîner, en m'assourdissant avec leur continuel bourdonnement ronflant. Parfois elles s'abattaient sur mes mets et y déposaient leurs

Il me mit dans l'os à moelle dans lequel je faisais très piteuse figure... (page 76).

excréments ou leurs œufs dégoûtants, lesquels étaient
visibles pour moi, quoiqu'ils ne le fussent pas pour les
naturels de ce pays, dont les yeux n'étaient pas si per-
çants que les miens pour distinguer les petits objets.
D'autres fois elles se posaient sur mon nez ou sur mon
front, et elles me piquaient jusqu'au sang tout en répan-
dant une odeur insupportable. Il m'était alors facile de
trouver les traces de cette matière visqueuse qui, comme
le disent nos naturalistes, permet à ces bêtes de marcher
sur un plafond les pattes en haut. J'avais beaucoup de
mal à me défendre contre ces affreux insectes et je ne
pouvais m'empêcher de tressaillir quand elles me venaient sur le visage.

C'était encore une pratique habituelle chez le nain
d'attraper dans sa main un certain nombre de ces mouches, comme font chez nous les écoliers, et de me les
lâcher sous le nez à l'improviste, exprès pour m'effrayer
et amuser la reine. Je me défendais en les taillant en
pièces avec mon couteau pendant qu'elles s'envolaient en
l'air et l'on admirait beaucoup ma dextérité à cet exercice.

Je me rappelle qu'un matin Glumdalclitch m'avait mis
dans ma boîte sur une fenêtre, comme elle en avait l'habitude dans les beaux jours, pour me faire prendre l'air,
— car je n'ai jamais osé permettre qu'on pendît en dehors
la boîte à un clou, comme on y pend les cages en Angleterre. J'avais levé une de mes fenêtres à coulisses et
m'étais assis devant ma table pour déjeuner avec un
morceau de gâteau sucré, lorsque plus de vingt guêpes,
alléchées par l'odeur, entrèrent dans ma chambre en
volant et en bourdonnant plus haut que le bourdon de
vingt cornemuses. Quelques-unes s'emparèrent de mon
gâteau et le dépécèrent en l'emportant ; d'autres volaient
autour de ma tête et de ma figure, m'assourdissant de

leur bruit, et me causant le plus grand effroi, à cause de leurs aiguillons. Cependant j'eus le courage de me lever, de tirer mon sabre et de les attaquer dans l'air. J'en exterminai quatre, car la plupart s'envolèrent et je fermai ma fenêtre aussitôt. Ces insectes étaient aussi gros que des perdrix. Je retirai leurs dards, que je trouvai longs d'un pouce et demi et aussi pointus que des aiguilles. Je les conservai tous avec soin, et je les ai montrés depuis dans plusieurs pays de l'Europe. A mon retour en Angleterre, j'en donnai trois à Gresham College et gardai le quatrième pour moi.

CHAPITRE IV

CHAPITRE IV

Description du pays. — Corrections proposées pour les cartes modernes. — Le Palais
du roi. — Quelques observations sur la capitale. — Manière de voyager de l'auteur
— Description du principal Temple.

E me propose maintenant de donner au
lecteur une courte description de ce
pays, ou plutôt de la partie que j'ai par-
courue, laquelle n'est pas étendue au delà
de deux milles de Lorbrulgrud, la capi-
tale, car la reine que je suivais toujours, n'allait jamais
plus loin lorsqu'elle accompagnait le roi dans ses voyages, et devait y rester jusqu'à ce que Sa Majesté fût de
retour de sa visite aux frontières. Toute l'étendue du
royaume de ce prince comporte une longueur d'environ
six mille milles sur une largeur qui varie de trois à cinq
mille milles, d'où je suis forcé de conclure que nos géo-
graphes d'Europe sont complètement dans l'erreur en
déclarant qu'il n'y a rien que la mer entre le Japon et
la Californie. Mon idée a toujours été qu'il devait y

avoir une terre pour faire contrepoids au grand continent de Tartarie. Ils devraient donc corriger leurs cartes et leurs plans en rattachant cette vaste étendue de
territoire aux pays du nord-ouest de l'Amérique, en
quoi je suis tout disposé à les aider de mon mieux.

Le royaume est une presqu'île terminée au nord-est
par une chaîne de montagnes hautes de trente milles et
absolument infranchissables à cause des volcans qui se
trouvent sur leurs sommets. Les plus savants ne savent
quelle espèce de mortels habite au delà de ces montagnes
ni même s'il y a aucune espèce d'habitants. Des trois
autres côtes, la presqu'île est bornée par l'Océan. Il n'y
a pas un port de mer dans tout le royaume ; les endroits
des côtes où les fleuves vont se perdre dans la mer sont
si pleins de rochers pointus, et la mer y est ordinairement
si agitée, qu'il est impossible de s'y aventurer, même avec
le plus petit de leurs bateaux, ce qui fait que ces peuples
sont absolument exclus de tout commerce avec le reste
du monde. Les grands fleuves sont couverts de vaisseaux
et abondent en poissons excellents. Ils en tirent très
rarement de la mer, parce que les poissons de mer sont
de la même grosseur qu'en Europe, et conséquemment
ne valent pas la peine d'être pêchés. Il est évident que la
nature s'est strictement limitée à ce continent dans la
production de plantes et d'animaux d'une grosseur si
énorme et je laisserai aux philosophes le soin d'en déterminer la raison.

On prend cependant quelquefois des baleines, quand
elles se trouvent poussées contre les rochers, et le petit
peuple s'en régale. Les baleines que j'ai vues étaient si
grosses, qu'un homme pouvait à peine en porter une sur
ses épaules. Quelquefois on en apporte par curiosité à
Lorbrulgrud dans des mannes à marée. Sur un plat à

la table du roi, j'en ai vu une qui passait pour une rareté,
mais il ne me parut pas en être très amateur, et je crois
bien que sa grosseur le dégoûtait. J'en ai pourtant ren-
contré une un peu plus grande au Groënland.

Le pays est bien peuplé, car il contient cinquante et
une grandes villes, près de cent bourgs entourés de murailles et un grand nombre de villages.

Pour satisfaire la curiosité du lecteur, il me suffira
sans doute de donner la description du Lorbrulgrud. Cette
cité s'étend à peu près également de chaque côté du fleuve
qui la traverse. Elle contient plus de quatre-vingt mille
maisons et environ six cent mille habitants. Elle a en
longueur trois glomglungs (qui font environ cinquante-
quatre milles anglais), et deux et demi en largeur, selon
la mesure que j'en pris sur la carte officielle dressée par
ordre du roi, et que l'on avait étendue à terre pour mon
usage; sa superficie était de cent pieds. J'en arpen-
tai plusieurs fois le diamètre et la circonférence,
pieds nus, et, en calculant le nombre de mes pas d'après
l'échelle, je pus prendre des mesures très exactes.

Le palais du roi est un édifice assez irrégulier; c'est
plutôt une agglomération de bâtiments ayant environ
sept milles de circuit. Les grandes salles ont généralement
deux cent quarante pieds de haut et sont longues et
larges en proportion.

On avait réservé un carrosse pour Glumdalclitch et
pour moi, dans lequel sa gouvernante l'emmenait souvent
voir la ville et visiter les boutiques. J'étais toujours de
la partie, porté dans ma boîte, d'où la jeune fille me faisait sortir chaque fois que je le désirais, pour que je
pusse regarder plus commodément les maisons et les gens,
quand nous passions le long des rues. Je supputai que
notre carrosse était grand environ comme la salle de

Westminster au carré, mais pas tout a fait si haut. Un jour, la gouvernante donna l'ordre à notre cocher d'arrêter devant plusieurs boutiques, où les mendiants, qui guettaient l'occasion se pressèrent des deux côtés de l'équipage et me procurèrent les plus horribles spectacles qu'un œil européen ait jamais pu contempler. Ici, c'était une femme avec un cancer, dont le sein était si monstrueusement enflé et rempli de trous dans deux ou trois desquels j'aurais pu facilement entrer et me cacher entièrement. Ici, un malheureux qui avait un goître plus gros que cinq balles de laine ; ailleurs, un estropié, avec une paire de jambes de bois, hautes d'environ vingt pieds.

Mais ce qui était le plus repoussant à voir, c'étaient les poux qui grouillaient sur leurs guenilles. Je pouvais distinguer à l'œil nu les pattes de cette vermine beaucoup mieux que celles d'un pou européen examiné au miscroscope, et aussi leurs grouins avec lesquels ils fouillaient comme les porcs. C'étaient les premiers que j'eusse encore vus, et j'aurais été bien curieux d'en disséquer un, si j'avais eu les instruments nécessaires — lesquels étaient malheureusement restés sur notre navire, — et pourtant ce spectacle si répugnant m'avait complètement soulevé le cœur.

Outre la grande boîte dans laquelle on me portait d'habitude, la reine en commanda pour moi une plus petite, d'environ douze pieds carrés et de dix pieds de haut, pour la commodité des voyages. L'autre, en effet, était un peu trop grande pour le giron de Glumdalclitch et encombrait le carrosse. Ce fut le même artiste qui me la fit, en suivant mes instructions pour tout l'aménagement. Cette chambre de voyage formait un carré parfait, avec une fenêtre au milieu de trois des côtés, et ces fenêtres étaient garnies de treillis en fils de fer, fixés à l'extérieur, pour prévenir les chocs pendant les longs voyages. Au quatrième côté, celui qui n'avait pas de fenêtre, j'avais fait fixer deux fortes boucles, dans lesquelles celui qui me portait, lorsque j'avais le désir d'aller à cheval, passait une ceinture qu'il s'attachait autour de la taille. C'était toujours l'office de quelque serviteur sérieux et fidèle en qui je pouvais avoir confiance, soit que je suivisse le roi et la reine dans leurs excursions, soit que j'eusse envie de voir les parcs ou de rendre visite à quelque grande dame ou à quelque ministre d'Etat à la Cour, lorsque Glumdalclitch se trouvait indisposée ; car je n'avais pas tardé à être connu et apprécié parmi les plus grands officiers ; à cause sans doute de la faveur dont m'honoraient Leurs Majestés.

Dans les voyages, lorsque j'étais fatigué de la voiture, un domestique à cheval bouclait ma boîte à sa ceinture et la posait sur un coussin devant lui. De là, je pouvais voir, par mes trois fenêtres, tout le pays de trois côtés. J'avais dans cette petite chambre un lit de camp et un hamac suspendu au plafond, deux chaises et une table, soigneusement vissées dans le plancher, pour les empêcher d'être jetées de côté et d'autre par le mouvement du cheval et de la voiture. Pour moi, habitué depuis longtemps à la mer, ces mouvements, bien que parfois très violents, ne m'incommodaient pas beaucoup.

Toutes les fois que j'avais le désir de voir la ville, c'était toujours dans ma chambre de voyage, sur le giron de Glumdalclitch et dans une sorte de chaise ouverte, à la mode du pays, portée par quatre hommes et suivie de deux autres à la livrée de la reine. Les citadins, qui avaient souvent entendu parler de moi, se pressaient curieusement autour de la chaise, et la jeune fille avait la complaisance de faire arrêter les porteurs et de me prendre dans sa main pour qu'on me vît plus commodément.

J'étais très désireux de voir le temple principal et sa fameuse tour, qui passe pour la plus haute du royaume. Ma nourrice m'y mena donc un jour, mais je puis bien dire que j'en revins quelque peu désappointé, car la hauteur n'en dépasse pas trois mille pieds, à partir du sol jusqu'au sommet du plus haut faîte ; ce qui, si l'on tient compte de la différence de la taille entre les gens de ce pays et nous autres Européens, n'a rien de bien digne d'admiration, et, toutes proportions gardées, ne saurait se comparer, si j'ai bonne mémoire, au clocher de Salisbury. Mais, pour ne pas dénigrer une nation à laquelle, pendant toute ma vie, je proclamerai que j'ai les plus grandes obligations, je conviendrai que ce qui manque en hauteur à cette tour est amplement compensé en beauté et en solidité. Les murs, en effet, ont plus de cent pieds d'épaisseur ; ils sont construits en pierres de taille, dont chacune a environ quarante pieds carrés, et ornés de côté de statues de dieux et d'empereurs, sculptées en marbre, plus grandes que nature, et la plupart placées dans des niches. J'ai mesuré un petit doigt qui était tombé d'une de ces statues et qui gisait inaperçu parmi des décombres : j'ai trouvé qu'il avait exactement quatre pieds et un pouce de long. Glumdalclitch l'enveloppa avec son mouchoir et l'emporta chez elle dans sa poche, pour le conserver avec d'autres bagatelles que cette jeune fille aimait beaucoup, comme presque tous les enfants de son âge.

Les cuisines du roi forment véritablement un noble édifice voûté et haut d'environ six cents pieds. Le grand four n'est pas tout à fait aussi large que la coupole de Saint-Paul, mais il ne s'en faut que de dix pas seulement — comme j'ai pu le constater en mesurant exprès la coupole de notre cathédrale à mon retour en Angleterre.

J'ai mesuré un petit doigt, tombé dans les décombres... (page 88).

S'il me fallait décrire la grille à feu, les énormes pots, les marmites, les rôtis de viande tournant sur la broche et bien d'autres détails, on aurait sans doute peine à me croire ; tout au moins un sévère critique serait capable de penser que j'ai exagéré un peu, comme les voyageurs sont soupçonnés de le faire. Pour éviter ce reproche, je crains bien d'être tombé dans l'excès contraire, et si ce

traité venait à être traduit dans la langue de Brobdingnag, — c'est le nom général de ce royaume, — et à y être introduit, le roi et son peuple croiraient peut-être avoir des raisons de se plaindre que je ne leur aie pas rendu justice en faisant d'eux un portrait faux et repetissé.

Sa Majesté entretient rarement plus de six cents che- vaux dans ses écuries. Leur taille est en général de cin- quante-quatre à soixante pieds. Mais lorsqu'il sort, dans les occasions solennelles, il est escorté en pompe d'une

garde de cinq cents cavaliers, qui me semblait offrir le coup
d'œil le plus splendide qu'on pût contempler, jusqu'à ce
qu'il m'eût été donné de voir une partie de son armée en
bataille, ce dont j'aurai l'occasion de parler plus loin.

CHAPITRE V

CHAPITRE V

Plusieurs aventures arrivées à l'auteur. — Exécution d'un criminel. — L'auteur montre son talent dans la navigation.

'AURAIS vécu assez heureux dans ce pays, si la petitesse de ma taille ne m'eût exposé à plusieurs accidents ridicules et fâcheux, dont je me hasarderai à raconter quelques-uns. Glumdalclitch me portait souvent aux jardins de la cour dans ma plus petite boîte, et quelquefois elle m'en retirait et me tenait par la main, ou bien elle me posait à terre pour me faire marcher. Je me rappelle qu'avant son départ de la cour, le nain nous suivit un jour dans ces jardins. Ma nourrice m'avait mis à terre, et comme nous nous trouvions, lui et moi, à côté l'un de l'autre et près de quelques pommiers nains, j'éprouvai le besoin de montrer mon esprit, en faisant une allusion idiote à lui et à ces arbres, par un mauvais jeu de mots, qui se trouvait avoir la même portée dans leur langue que dans la nôtre.

Sur quoi le méchant coquin, qui avait guetté le moment où j'allais passer sous les pommiers, en secoua un directement au-dessus de ma tête, et une douzaine de pommes, à peu près aussi grosses chacune qu'un tonneau de Bristol, dégringolèrent autour de mes oreilles ; une d'elles me tomba sur le dos à un instant où je me baissais par hasard, et m'étendit à plat ventre.

Mais je n'eus pas d'autre mal, et le nain fut pardonné sur ma demande, parce que c'était moi qui l'avais provoqué.

Un autre jour, Glumdalclitch m'abandonna pour jouer, pendant qu'elle allait se promener à quelque distance avec sa gouvernante ; ce fut juste pendant ce temps-là qu'une grêle terrible vint à tomber et que le vent me renversa à terre, tant il soufflait avec violence. Les grêlons me faisaient aussi mal que si j'avais reçu dans le dos de grosses balles de collège, lancées avec beaucoup de force. Je réussis alors, en rampant à quatre pattes à gagner un abri contre le vent, derrière une bordure de thym. Cela m'avait cependant tellement épuisé que je dûs rester cinq jours avant de quitter la chambre.

Il n'y a pourtant là rien qui doive étonner, car la nature, observant en ce pays la même proportion dans tous ses phénomènes, un grêlon y est à peu près dix-huit cent fois aussi gros qu'en Europe. Je peux l'affirmer par expérience, parce que j'ai eu la curiosité de les peser et de les mesurer.

Je devais être exposé à un accident plus dangereux encore dans ce même jardin.

Un jour, ma jeune nourrice, croyant m'avoir mis en lieu sûr — ce que je la priais souvent de faire, afin de

Une grêle terrible vint à tomber... (page 96).

pouvoir me livrer à mes pensées, — et ayant laissé ma boîte à la maison pour s'éviter la peine de la porter, était allée se promener dans le jardin avec sa gouvernante et quelques dames de sa connaissance. Pendant qu'elle était absente et hors de la portée de ma voix, un petit épa-

gneul blanc, qui appartenait à l'un des principaux jardiniers ayant trouvé le moyen de pénétrer dans le jardin, vint à passer juste à l'endroit où je me trouvais.

Le chien, guidé par son flair, courut directement de mon côté, et après m'avoir pris dans sa gueule, il me rapporta droit à son maître, aux pieds duquel il me déposa doucement, en remuant fièrement la queue ; il avait heureusement été si bien dressé qu'il me porta entre ses dents sans me faire le moindre mal et sans même déchirer mes vêtements. Le pauvre jardinier, qui me connaissait bien et qui m'aimait beaucoup, eut une peur terrible. Il me prit doucement dans ses deux mains et me demanda comment je me trouvais, mais j'étais tellement suffoqué que je ne pouvais pas dire un mot; au bout de quelques minutes, cependant, je revins à moi... Alors il me porta sain et sauf à ma nourrice, qui avait trouvé le temps de revenir à l'endroit où elle m'avait laissé et qui avait été dans des transes mortelles en constatant que je ne répondais pas à ses appels.

Elle réprimanda vertement le jardinier à propos de son chien. L'affaire pourtant fut étouffée et ne s'ébruita jamais à la cour, parce que la jeune fille avait peut-être à redouter la colère de la reine, et, pour ma part, je dois avouer sincèrement que je préférais qu'on ne parlât pas de cette mésaventure.

Cet accident décida Glumdalclitch à prendre la résolution absolue de ne plus me laisser jamais sortir sans m'avoir sous les yeux. Il y avait longtemps que je redoutais cette décision, et c'est pourquoi je lui avais caché quelques petites aventures désagréables qui m'étaient arrivées pendant que j'étais laissé seul.

Une fois, un milan qui planait au-dessus du jardin, fondit sur moi, et si je n'avais pas résolûment tiré mon sabre et trouvé un refuge en courant derrière un espalier touffu, il m'aurait certainement enlevé dans ses serres. Un autre fois, en marchant sur le haut d'une taupinière toute fraîche, je m'enfonçai jusqu'au cou dans le trou par lequel la taupe avait rejeté la terre, et je dus recourir à un mensonge quelconque, qui ne vaut pas la peine d'être raconté, pour excuser la malpropreté de mon vêtement. Enfin je me cassai un jour le tibia de la jambe droite en butant contre la coquille d'un escargot, un jour que je me promenais seul en songeant à la pauvre Angleterre.

Je ne saurais dire si j'éprouvais un sentiment de plaisir
ou d'humiliation, en constatant pendant ces promenades
solitaires que les plus petits oiseaux ne semblaient avoir
aucune peur de moi. Au contraire, ils sautillaient tranquillement à un yard de distance, cherchant des vers et
d'autre nourriture, avec autant d'indifférence et de sécurité
que si aucune créature humaine ne se fût trouvée auprès.
Je me souviens qu'une grive poussa la confiance jusqu'à
m'arracher de la main d'un coup de bec, un morceau de
gâteau que Glumdalclitch venait de me donner pour
déjeûner. Lorsque j'essayais d'attraper quelques-uns de
ces oiseaux, ils se retournaient hardiment contre moi et
cherchaient à me becqueter les doigts, que je n'osais pas
risquer à leur portée ; ensuite ils s'en allaient bien tranquillement en sautillant et en continuant à faire la chasse
aux vers et aux escargots. Un jour cependant, ayant pris
un gros bâton, je le lançai avec tant de précision contre
un linot, que je l'abasourdis, et l'ayant empoigné à deux
mains par le cou, je le portai triomphalement à ma nourrice. L'oiseau, qui était seulement étourdi, ne tarda pas à
revenir à lui et me donna tant de coups d'ailes à droite et
à gauche sur la tête et le corps que, bien que le tenant à
bout de bras et hors de la portée de ses pattes, je fus vingt
fois sur le point de le lâcher. Heureusement un de nos
domestiques, accouru à mon secours, lui tordit le cou et
on me le servit le lendemain pour mon dîner, sur l'ordre
de la reine. Autant que je puis me le rappeler, ce linot
semblait être un peu plus gros qu'un cygne anglais.

Les demoiselles d'honneur invitaient souvent Glumdalclitch à venir dans leurs appartements et lui deman-
daient de m'apporter avec elle, exprès pour avoir le
plaisir de me voir et de me toucher... Elles me déshabillaient souvent des pieds à la tête et quand j'étais tout nu,

elles me couchaient tout de mon long
sur leur poitrine, ce qui me déplaisait fort,
à cause de la forte senteur de leur peau.
En relatant ce fait,
je n'ai nullement
l'intention de
médire de ces

excellentes person-
nes pour lesquel-
les je professe toute sorte
de respect, mais je sup-
pose que mes sens étaient
plus délicats en propor-
tion de ma petitesse et que ces nobles demoiselles étaient aussi irré-
prochables sur le rapport de la
propreté que les personnes du
même rang en Angleterre. Et, après
tout, je trouvai
leur odeur natu-
relle beau-
coup plus
supporta-
ble que les
parfums
dont elles
se servaient quelque-
fois et qui me ren-
daient malade aussi-

tôt. Je ne puis oublier qu'un de mes intimes amis de Lilliput prit la liberté, un jour qu'il faisait chaud et que j'avais
pris beaucoup d'exercice, de se plaindre de la forte odeur
que je dégageais, bien que, sous ce rapport, je ne sois pas
plus mal partagé qu'aucune personne de mon sexe.
Je suppose donc que la sensibilité de son odorat
était aussi délicate vis-à-vis de moi que la mienne
l'était maintenant vis-à-vis de ces personnes. Sur ce point
je ne puis m'empêcher de rendre justice à la reine, ma
maîtresse et à Glumdalclitch, ma nourrice, dont les
personnes exhalaient une odeur aussi douce que celle
d'aucune dame d'Angleterre.

Ce qui me gênait le plus au milieu de ces demoiselles
d'honneur, lorsque ma nourrice m'emmenait en visite
chez elles, c'était de les voir me traiter sans aucune espèce
de cérémonie, absolument comme un être qui ne comp-
tait pas, car elles se déshabillaient en ma présence, pendant que j'étais sur la table de toilette. De près leur peau
me paraissait rugueuse, plaquée de couleurs diverses et
marquée de grains de beauté aussi gros qu'une noisette et
hérissée de poils plus gros que des ficelles, pour ne rien dire
de plus sur le reste de leur corps.

La plus jeune de ces demoiselles d'honneur, à peine
âgée de seize ans, aimable et enjouée, me mettait quelquefois à cheval sur le bord de son corsage, et me faisait faire
bien d'autres exercices sur lesquels le lecteur m'excusera
de ne pas donner trop de détails. Mais cela me déplaisait
tellement que je priai Glumdalclitch d'inventer quelque
prétexte pour ne plus aller chez cette demoiselle.

Un jour, un jeune gentilhomme, neveu de la gouvernante de ma nourrice, vint les engager toutes deux à
voir une exécution. Le condamné avait assassiné un des
amis intimes de ce gentilhomme. On persuada à Glum-

dalclitch d'être de la partie, bien contre son inclination, car elle avait naturellement le cœur tendre, et, quant à moi, quoique j'eusse en horreur ce genre de spectacles, ma curiosité me poussait à voir quelque chose que je pensais devoir être extraordinaire.

Le criminel fut attaché à une chaise sur un échafaud dressé exprès, et sa tête coupée d'un seul coup avec un sabre d'environ quarante pieds de long. Le sang jaillit des veines et des artères si haut et en si prodigieuse quantité que le grand jet d'eau de Versailles, pendant toute sa durée, ne saurait être mis en comparaison. Lorsque la tête tomba sur la plateforme de l'échafaud, elle rebondit avec une telle force qu'elle me fit tressauter, quoique je fusse éloigné d'un demi mille anglais au moins.

La reine, qui m'avait souvent entendu parler de mes voyages sur mer et qui saisissait toutes les occasions possibles de me divertir, quand je paraissais mélancolique, me demanda si je savais manier une voile ou une rame et si un peu d'exercice de canotage ne serait pas bon pour ma santé. Je répondis que j'entendais parfaitement bien les deux, car, quoique ma fonction propre fût celle de chirurgien ou médecin du bord, j'étais souvent forcé, dans les moments critiques, de prêter la main à la manœuvre comme un simple matelot. Pourtant, j'ajoutai que je ne voyais guère comment je pourrais le faire dans leur pays, où la plus petite embarcation était aussi grande qu'un vaisseau de guerre de premier ordre chez nous, et que, de plus, un bateau comme j'étais capable d'en conduire n'offrirait jamais une résistance suffisante pour flotter sur aucune de leurs rivières. Sa Majesté me répondit que si je voulais tracer le plan d'un bateau, son menuisier le construirait et qu'elle trouverait un endroit où je pourrais naviguer. Le menuisier était un ouvrier

J'étais assis sur leur toilette... (page 103).

très habile, et, sous ma direction, il construisit en dix
jours un bateau de plaisance avec tous ses agrès capable
de contenir commodément huit Européens. Aussitôt qu'il
fut terminé, la reine fut si enchantée qu'elle le prit dans
son giron et courut le porter au roi, qui ordonna qu'on le

mît dans une citerne pleine d'eau avec moi dedans en
manière d'essai, mais je ne pus y manœuvrer mes deux
avirons ou petites rames, faute de place.

Elle donna alors à son menuisier l'ordre de faire une
auge en bois, longue de trois cents pieds, large de cinquante, et profonde de huit, laquelle, ayant eté bien gou-

dronnée pour l'empêcher de fuir, fut placée sur le plancher, le long de la muraille, dans une salle extérieure du palais. L'auge avait un robinet vers le fond pour permettre de laisser écouler l'eau, quand elle commençait à se corrompre, et deux domestiques pouvaient la remplir facilement dans une demi-heure de temps. C'est dans ce genre de bassin que je pris l'habitude de canoter souvent pour mon propre plaisir et aussi au grand divertissement de la reine et de ses dames d'honneur, qui prenaient beaucoup de plaisir à voir mon adresse et mon agilité. Quelquefois je hissais une voile, et alors je n'avais plus qu'à gouverner, pendant que les dames me donnaient un coup de vent avec leurs éventails, et, quand elles étaient fatiguées, quelques-uns de leurs pages gonflaient ma voile en soufflant gentiment dessus, tandis que je montrais mon habileté en gouvernant à bâbord ou à tribord, selon qu'il me plaisait. Quand j'avais fini, Glumdalclitch remportait toujours mon navire dans son cabinet et le pendait à un clou pour le faire sécher.

Dans cet exercice, il m'arriva une fois un accident qui faillit me coûter la vie. Un des pages ayant mis mon navire dans l'auge, la gouvernante qui était au service de Glumdalclitch m'enleva très officieusement pour me placer dedans; mais il arriva que je glissai entre ses doigts et je serais infailliblement tombé de la hauteur de quarante pieds sur le plancher, si par la plus grande chance du monde, je n'eusse pas été arrêté par une grosse épingle qui était fichée dans le corsage de cette brave femme. La tête de l'épingle passa entre ma chemise et la ceinture de ma culotte, et je restai ainsi suspendu en l'air par le milieu du corps, jusqu'à ce que Glumdalclitch accourût à mon secours.

Un autre fois, un des domestiques, dont la fonction

était de remplir mon auge d'eau fraîche tous les trois
jours, fut assez négligent pour laisser tomber de son seau
une grenouille très grosse sans l'apercevoir. La grenouille
se tint cachée jusqu'à ce qu'on m'eût mis dans mon
bateau, mais alors, voyant un endroit pour se poser elle
y grimpa et fit tellement pencher mon embarcation d'un

côté que je fus forcé de faire contre poids de l'autre autant
que je pouvais, pour l'empêcher de chavirer. Lorsque la
grenouille fut entrée, elle franchit aussitôt d'un saut la
moitié de la longueur du bateau, puis se mit à sauter par
dessus ma tête en avant et en arrière arrosant ma figure
de vase. La grandeur de sa taille la faisait paraître à mes yeux l'animal le plus difforme qu'il fût
possible d'imaginer. Pourtant, je priai Glumdalclitch de
me laisser m'arranger tout seul avec elle, et, après l'avoir
frappée pendant assez longtemps avec une de mes rames,
je finis par l'obliger à sortir hors du bateau.

Mais le plus grand danger que je courus jamais dans
ce royaume vint d'un singe qui appartenait à un des
aides de cuisine. Glumdalclitch m'avait enfermé dans son
cabinet, pendant qu'elle était sortie pour affaire ou partie
en visite. Comme il faisait très chaud, on avait laissé la
fenêtre du cabinet ouverte, aussi bien que la porte et les
fenêtres de ma grande boîte, dans laquelle je me tenais
d'ordinaire, à cause de sa dimension et de ses commodi-
tés. Pendant que j'étais tranquillement assis à méditer
devant ma table, j'entendis quelque chose entrer en
bondissant par la fenêtre du cabinet et sauter de côté et
d'autre. Quoique je fusse très alarmé, je me risquai à
regarder, — mais sans bouger de ma chaise et alors je vis
cet animal fantasque faisant des bonds et des sauts de
tous côtés. Il finit par arriver à ma boîte, qu'il sembla
considérer avec beaucoup de plaisir et de curiosité, tout
en regardant à l'intérieur par la porte et par chaque
fenêtre. Je me retirai dans le coin le plus reculé de ma
boîte, mais le singe, en regardant dedans de tous côtés
me causa une telle frayeur, que je n'eus pas la présence
d'esprit de me cacher sous mon lit, comme je pouvais le
faire très facilement. Après avoir lorgné, grimacé, grincé,
il finit par m'apercevoir, et fourrant une de ses pattes
par la porte, comme fait un chat qui joue avec une souris,
il réussit, bien que je changeasse souvent de place pour
l'éviter, à me saisir par le pan de mon justaucorps,
lequel fait en soie du pays, était très épais et très solide,
— et me tira dehors. Il me prit dans sa main droite de
devant et me tint comme une nourrice tient un enfant
qu'elle va allaiter et de la même façon que j'ai vu en
Europe un animal du même genre faire avec un petit
chat. Quand je me débattais, il me serrait si fort que je
pensais que le parti le plus sage était de me soumettre.

J'ai quelque raison de croire qu'il me prenait pour un jeune de son espèce, car il me caressait très doucement la figure avec son autre patte. Il fut tout d'un coup interrompu dans son jeu par un bruit à la porte du cabinet, comme si quelqu'un l'ouvrait. Aussitôt il bondit sur la fenêtre par laquelle il était entré et, de là sur les plombs et les gouttières, marchant à trois pattes et me tenant par la quatrième, jusqu'à ce qu'il eût grimpé sur un toit attenant au nôtre.

J'entendis Glumdalclitch pousser un cri au moment où il m'emportait. La pauvre fille était au désespoir et ce quartier du palais était tout sens dessus dessous ; les domestiques coururent chercher des échelles, des centaines de personnes pouvaient voir de la cour le singe assis sur le faîte du bâtiment, me tenant comme un bébé dans une de ses pattes de devant et me donnant à manger avec l'autre, en fourrant dans ma bouche les aliments qu'il avait retirés d'une des poches de ses mâchoires et me tapotant quand je ne voulais pas manger, ce qui faisait rire aux éclats la canaille en bas, en quoi je ne me sentais pas en droit de les blâmer, car ce devait être certainement un spectacle assez risible pour tout le monde, excepté toutefois pour moi. Quelques-uns lancèrent des pierres, dans l'espoir de faire descendre le singe mais cela fut absolument défendu, car autrement il est très probable qu'ils auraient fini par me casser la tête.

On appliqua les échelles et plusieurs hommes montèrent. Le singe s'en étant aperçu, et, se voyant près d'être cerné et incapable de courir assez vite avec ses trois pattes, me laissa tomber sur une tuile du faîte et se sauva. Je restai assis là pendant quelque temps, à cinq cents yards du sol, m'attendant à chaque instant à être enlevé par un coup de vent, ou bien à avoir le vertige et à rouler du haut en bas du faîte jusqu'au bord du toit. Alors un brave garçon, un des laquais de ma nourrice, grimpa jusqu'à moi, et, m'ayant mis dans une poche de sa culotte, il me fit descendre en sûreté.

J'étais presque suffoqué des victuailles que le singe avait fourrées dans mon gosier, mais ma chère petite nourrice me les retira de la bouche avec une petite aiguille, après quoi je me mis à vomir, ce qui me soulagea beaucoup. J'étais pourtant si faible et les étreintes de cet odieux animal m'avaient tellement meurtri les flancs que je dus garder le lit pendant quinze jours. Le roi, la reine et toute la cour envoyèrent chaque jour prendre des nouvelles de ma santé et Sa Majesté la reine me fit plusieurs visites pendant ma maladie. Le singe fut tué et on donna l'ordre de n'entretenir désormais aucun animal de cette espèce dans les environs du palais.

Lorsque je me rendis auprès du roi, après mon rétablissement, pour le remercier de ses bontés, il s'amusa à me railler de son mieux à propos de cette aventure.

Il me demanda quels étaient mes sentiments et mes réflexions pendant que j'étais entre les pattes du singe, de quel goût j'avais trouvé les aliments qu'il m'avait donnés et la façon dont il s'y était pris pour le faire, et enfin si l'air frais que j'avais respiré sur le toit avait stimulé mon appétit. Il désirait savoir ce que j'aurais fait en une telle occasion dans mon pays.

Je répondis à Sa Majesté qu'en Europe, nous n'avions

d'autres singes que ceux qu'on y amène d'autres pays, à titre de curiosités et qu'ils étaient si petits, que j'étais capable de tenir tête à une douzaine d'entre eux, s'ils osaient m'attaquer. Quant à cet animal monstrueux — il était en vérité aussi gros qu'un éléphant, — si la peur

m'avait laissé assez de présence d'esprit pour faire usage de mon sabre quand il avait fourré sa patte dans ma chambre — ajoutai-je fièrement en frappant sur la poignée de mon arme, — je lui aurais fait une telle blessure, que probablement il aurait été bien aise de la retirer plus vite qu'il ne l'y avait mise. Je prononçai ces mots d'un ton ferme, en homme qui ne saurait souffrir que son courage pût être mis en question... Ce discours, pourtant, ne réussit qu'à provoquer un bruyant éclat de rire, que tout le respect dû à Sa Majesté, ne put retenir.

Ceci, en y réfléchissant, me fit comprendre combien il est vain pour un homme d'essayer de se faire honneur en présence de ceux qui sont hors de tous les degrés d'égalité ou de comparaison avec lui. Et cependant j'ai eu de fréquentes occasions d'appliquer la leçon morale que j'avais tirée de ma propre conduite, depuis mon retour en Angleterre, où l'on voit de méprisables pieds-plats, n'ayant pas le moindre titre par leur naissance, leur bon sens ou leurs avantages personnels, se permettre de regarder avec des airs d'importance les plus grands personnages du royaume et se mettre avec eux sur un pied d'égalité.

Je fournissais chaque jour à la cour quelque histoire ridicule, et Glumdalclitch, bien qu'elle m'aimât à l'excès, était assez espiègle pour rapporter à la reine toutes les sottises que je pouvais faire, du moment qu'elle pensait qu'elles étaient de nature à amuser Sa Majesté.

Ma jeune nourrice ayant été indisposée, sa gouvernante l'emmena prendre l'air à une heure de la ville, c'est-à-dire à trente milles de distance. Elles descendirent de carrosse près d'un petit sentier à travers champs. Glumdalclitch posa ma boîte à terre et j'en sortis pour marcher. Il y avait une bouse de vache sur le sentier et j'éprouvai le besoin de montrer mon agilité en essayant de sauter par-dessus. Je pris mon élan, mais malheureusement mon saut était trop court et je tombai au beau milieu, de sorte que je m'enfonçai dans la bouse jusqu'aux genoux. Je m'en sortis avec peine, et un des laquais m'essuya avec son mouchoir du mieux qu'il put, car je m'étais horriblement sali. Ma nourrice me consigna dans

ma boîte jusqu'à notre retour au palais où la reine fut
aussitôt informée de ce qui s'étaient passé

Les laquais se chargèrent de colporter ma mésaventure
par toute la cour, si bien que, pendant plusieurs jours,
tout le monde s'égaya à mes dépens.

CHAPITRE VI

CHAPITRE VI

Différentes inventions de l'auteur pour plaire au roi et à la reine. — L'auteur montre son habileté en musique. — Le roi s'informe de l'état de l'Angleterre que l'auteur lui expose — Observations du roi à ce sujet.

'AVAIS coutume de me rendre au lever du roi, une ou deux fois par semaine, et je l'avais souvent vu entre les mains du barbier, ce qui au commencement était pour moi un spectacle terrible à contempler, car le rasoir était près de deux fois aussi long qu'une faux.

Sa Majesté, suivant l'habitude du pays, ne se faisait raser que deux fois par semaine. J'obtins un jour du barbier un peu de la mousse du savon qui lui avait servi, et j'en retirai quarante ou cinquante des plus gros poils de barbe. Je pris ensuite un morceau de bois ouvrable et le coupai en lui donnant la forme du dos d'un peigne, puis y ayant percé plusieurs trous à une distance égale, avec l'aiguille la plus fine que Glumdalclitch eût pu me procurer, j'y attachai les poils de barbe si adroitement, en les grattant et en les épointant avec mon canif vers les extrémités, que je m'en fis un peigne à peu près passable, — ce qui m'était fort utile, car

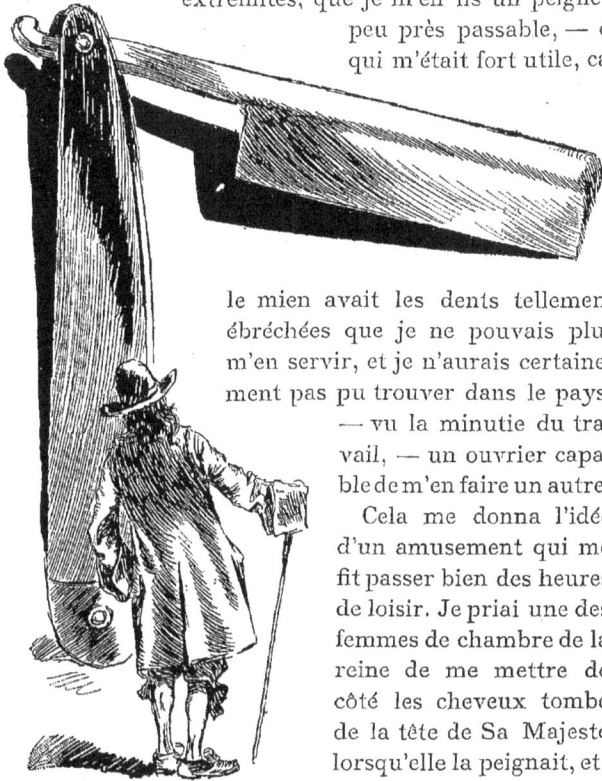

le mien avait les dents tellement ébréchées que je ne pouvais plus m'en servir, et je n'aurais certainement pas pu trouver dans le pays, — vu la minutie du travail, — un ouvrier capable de m'en faire un autre.

Cela me donna l'idée d'un amusement qui me fit passer bien des heures de loisir. Je priai une des femmes de chambre de la reine de me mettre de côté les cheveux tombé de la tête de Sa Majesté lorsqu'elle la peignait, et, au bout de quelque temps, j'en avais une certaine quantité. Alors, après m'être consulté avec mon ami l'ébéniste, qui avait reçu ordre de faire tous les petits ouvrages que je lui commanderais, je lui donnai des instructions pour me faire deux montures de

chaises, pas plus grandes que celles que j'avais dans ma
boîte et d'y percer ensuite de petits trous avec une alène
fine aux endroits que je désignais pour le siège et le dossier.
Dans ces trous je tressais les cheveux les plus forts que je
pus trier, absolument à la manière de nos chaises cannées
d'Angleterre. Lorsqu'elles furent terminées, j'en fis présent à Sa Majesté, qui les plaça dans son armoire et se
plaisait à les montrer comme des curiosités. Ces chaises
faisaient, du reste, l'admiration de toutes les personnes
qui les voyaient. La reine aurait voulu me faire asseoir
sur une de ces chaises, mais je refusai absolument de lui
obéir, protestant que j'aimerais mieux souffrir mille
morts, plutôt que de poser une partie déshonnête de mon
corps sur ces précieux cheveux qui avaient à un moment
orné la tête de Sa Majesté. Comme j'avais le génie de la
mécanique, je fis aussi de ces cheveux une petite bourse
très bien travaillée, longue d'environ cinq pieds, avec le
nom de Sa Majesté tissé en lettres d'or, dont je fis cadeau
à Glumdalclitch, avec le consentement de la reine. A dire
vrai, c'était une bourse plutôt pour la montre que pour
l'usage, car elle n'était pas assez solide pour supporter le
poids des grosses pièces. Du reste elle ne s'en servait que
pour mettre ces petits brimborions que les jeunes filles
aiment tant.

Le roi, qui aimait beaucoup la musique, avait souvent
à la cour des concerts auxquels on me portait quelquefois, et l'on plaçait ma boîte sur une table pour que je
pusse écouter ; mais le bruit était si grand que je pouvais
à peine distinguer les airs. Je suis certain que tous les
tambours et toutes les trompettes d'une armée royale,
battant et sonnant en même temps tout près de vos
oreilles, n'arriveraient pas à produire un bruit pareil.

J'avais l'habitude de faire placer ma boîte aussi loin que

possible de l'endroit où se tenaient les musiciens ; puis, après avoir fermé les portes et les fenêtres, je tirais les rideaux. Avec ces précautions, je ne trouvais pas leur musique désagréable.

J'avais appris dans ma jeunesse à jouer un peu du clavecin. Glumdalclitch en avait un dans sa chambre, et un maître venait deux fois par semaine lui donner des leçons. J'ai appelé cet instrument un clavecin, parce qu'il y ressemblait un peu et qu'on en jouait de la même manière. Il me prit un jour la fantaisie de régaler le roi et la reine d'un air anglais sur cet instrument. Mais cela me parut extrêmement difficile, attendu que le clavecin avait près de soixante pieds de long, chaque touche étant large d'environ un pied, de telle sorte qu'avec mes bras bien étendus je ne pouvais atteindre plus de cinq touches, et de plus, pour les faire mouvoir, il me fallait les frapper à grands coups de poing, ce qui aurait été très fatigant et inutile. Voici le moyen que je trouvai : je préparai deux bâtons ronds, à peu près de la grosseur d'une trique ordinaire, mais plus gros à une extrémité qu'à l'autre et je recouvris les gros bouts avec un morceau de peau de souris, afin de pouvoir frapper avec sans abîmer le dessus des touches et sans interrompre le son. Je fis placer devant le clavecin un banc, de quatre pieds plus bas que les touches environ, et je me fis mettre sur le banc. Je me mis alors à courir de côté tout du long, à droite et à gauche, aussi vite que je pouvais, tapant avec mes deux bâtons sur les touches qu'il fallait, et je parvins ainsi à jouer une gigue, à la grande satisfaction de Leurs Majestés. Ce fut, par exemple, le plus violent exercice auquel je me fusse jamais livré, et encore je ne pouvais frapper au-delà de seize touches, ce qui m'empêchait, par conséquent, de jouer en même temps la basse et la partie

Je parvins ainsi à jouer une gigue... (page 122).

supérieure, comme le font généralement les autres artistes.

Le roi qui, comme je l'ai déjà dit, était un prince

d'une intelligence supérieure, ordonnait souvent de m'apporter dans ma boîte et de me mettre sur la table de son cabinet. Il me commandait alors de tirer une de mes chaises hors de ma boîte et de m'asseoir, à trois yards de lui, sur le haut d'un meuble, ce qui me mettait presque de niveau avec son visage. J'eus de cette manière plusieurs conversations avec lui. Un jour je pris la liberté de dire à Sa Majesté que le mépris qu'elle manifestait pour l'Europe et pour le reste du monde, ne me semblait pas répondre aux excellentes qualités d'esprit dont elle était douée ; que la raison était indépendante de la grandeur du corps, qu'au contraire nous avions observé, dans notre pays, que c'étaient les personnes les plus grandes qui en étaient ordinairement le moins pourvues ; que parmi les autres animaux, les abeilles et les fourmis avaient la réputation d'avoir plus d'industrie, d'art et de sagacité, que beaucoup d'espèces plus grosses ; et que, quelque insignifiant qu'elle me crût être, j'espérais néanmoins vivre assez longtemps pour rendre à Sa Majesté quelque grand service.

Le roi m'écouta avec attention et commença à concevoir de moi une opinion bien meilleure qu'il ne l'avait jamais fait auparavant.

Il me pria de lui donner un exposé aussi exact que je le pouvais du gouvernement de l'Angleterre; parce que, quelque attachés que les princes soient ordinairement à leurs coutumes — d'après mes discours précédents, il supposait que c'était là le caractère des autres monarques, — il serait bien aise d'apprendre quoi que ce fût qui méritât d'être imité.

Vous vous imaginerez facilement, lecteur courtois, combien je désirai alors avoir la langue de Démosthène ou de Cicéron, pour être capable de célébrer les louanges de mon cher pays dans un style digne de son mérite et de sa félicité.

Je commençai mon discours en informant Sa Majesté que nos États se composaient de deux îles formant trois royaumes, sous un seul souverain, sans compter nos colonies en Amérique. Je m'étendis longuement sur la fertilité de notre sol et sur la nature tempérée de notre climat. Je développai ensuite la constitution de notre parlement anglais, composé en partie d'un corps illustre, appelé la Chambre des Pairs, personnages du sang le

plus noble et possédant les patrimoines les plus anciens et les plus importants. J'insistai sur le soin extraordinaire qu'on prend toujours de les instruire dans les arts et dans les armes, afin de leur donner les aptitudes nécessaires à être à la fois les conseillers du roi et du royaume, à prendre part à la confection des lois ; à être membres de la cour suprême de justice, après les décisions de laquelle il n'y a plus d'appel possible ; à être des champions toujours prêts pour la défense de leur prince et de leur pays par leur valeur, leur sagesse et leur fidélité.

Je dis aussi qu'ils étaient l'ornement et le rempart de leur pays, dignes successeurs de leurs très renommés ancêtres, qui avaient eu l'honneur pour récompense, et dont on n'avait jamais vu aucun descendant dégénérer. J'ajoutai qu'on leur avait adjoint dans cette assemblée, sous le titre d'évêques, plusieurs saints personnages, dont l'office spécial consistait à veiller sur la religion et sur ceux qui sont chargés de l'enseigner au peuple. Ils sont recherchés et choisis dans toute la nation par le prince et ses plus sages conseillers, parmi les membres du clergé méritant le plus d'être distingués pour la sainteté de leur vie et la profondeur de leur érudition, et ses élus sont véritablement les pères spirituels du clergé et du peuple.

Je l'informai que l'autre partie du parlement consistait en une assemblée, appelée Chambre des Communes, laquelle était composée de tous les principaux citoyens de marque, librement choisis et élus par le peuple, pour représenter la sagesse de toute la nation en récompense de leurs grandes capacités et de leur patriotisme. Ces deux corps forment la plus auguste assemblée d'Europe, et c'est à elle qu'est confiée la confection de toutes les lois, de concert avec le souverain.

J'arrivai ensuite aux cours de justice, présidées par les juges, ces vénérables et sages interprètes de la loi, chargés de décider des droits et des propriétés en litige, de punir le vice et de protéger l'innocence.

Je mentionnai aussi la sage administration de nos finances, ainsi que la valeur et les exploits de nos armées sur terre et sur mer. Je calculai ensuite le nombre de nos habitants, en comptant combien il pouvait y avoir chez nous de millions d'adhérents à chaque secte religieuse ou à chaque parti politique. Je fis aussi mention de nos sports et de nos divertissements. Bref, je n'omis aucune particularité que je crusse de nature à pouvoir faire honneur à mon pays et je terminai par un court résumé historique des affaires et des événements en Angleterre pendant les cent dernières années.

Ce développement occupa cinq audiences, dont chacune dura plusieurs heures, et le roi écouta le tout avec la plus grande attention, prenant fréquemment des notes sur ce que je disais, et marquant en même temps les questions qu'il se proposait de me poser.

Quand j'eus achevé ces longs discours, Sa Majesté, dans une sixième audience, me soumit, en consultant ses notes, nombre de doutes, de questions et d'objections.

Il me demanda quelles étaient les méthodes employées pour cultiver le corps et l'esprit de nos jeunes nobles, et à quel genre d'occupation ils passaient ordinairement la première partie de leur vie, c'est-à-dire celle la plus propice à l'éducation; comment on s'y prenait pour remplacer dans cette assemblée le représentant d'une famille noble, lorsque celle-ci venait à s'éteindre; quelles qualités on exigeait de ceux qui devaient être créés nouveaux lords; s'il arrivait jamais que le caprice du prince, une somme d'argent donnée à quelque dame de la cour, ou le désir de renforcer un parti contraire à l'intérêt public, pussent compter pour quelque chose dans ces promotions; quelles connaissances ces lords avaient des lois de leur pays et comment ils l'acquéraient, pour être ainsi capables de décider en dernier ressort des affaires de leurs compatriotes; s'ils étaient toujours assez exempts d'avarice, de partialité ou de besoins, pour que la corruption ou autre motif criminel ne pût exercer quelque influence auprès d'eux; si ces saints lords dont je parlais étaient toujours élevés à ce rang, à cause de leur connaissance des choses religieuses, et à cause de la sainteté de leur vie; s'ils n'avaient jamais eu de basses complaisances lorsqu'ils étaient simples prêtres, ou s'ils n'avaient jamais été les chapelains esclaves et rampants de quelque seigneur, dont ils continuaient à suivre servilement les opinions, après avoir été admis dans cette assemblée.

Il exprima ensuite le désir de savoir quels étaient les moyens mis en pratique dans l'élection de ceux que j'appelais membres des communes; si un étranger, avec une bourse bien garnie, ne pourrait pas influencer les votants vulgaires et se faire choisir par eux de préférence à leur propre seigneur ou à l'homme le plus considérable de la localité; comment il se faisait que les gens fussent si désireux d'entrer dans cette assemblée, puisque, comme je l'avais observé, cela causait beaucoup de tracas et de dépenses et pouvait même souvent amener la ruine d'une famille, sans qu'on reçût aucun traitement ou aucune pension; que cela supposait un tel degré de vertu et de dévouement à la chose publique que Sa Majesté se croyait en droit d'en contester parfois la sincérité et elle demandait si des personnages si zélés ne nourrissaient pas parfois quelque espoir de s'indemniser des charges et des ennuis qu'ils assumaient, en sacrifiant le bien public aux desseins d'un prince faible et vicieux, de connivence avec un ministère corrompu. Sa Majesté multiplia ses questions, me pressant sur tous les points du sujet, me soumettant des doutes et des objections sans nombre, que je ne juge ni prudent ni convenable de répéter ici.

A propos de ce que j'avais dit relativement à nos cours de justice, Sa Majesté me demanda à être éclairée sur différents points. J'étais d'autant plus à même de lui

donner satisfaction là-dessus que j'avais été presque ruiné
jadis par un long procès en chancellerie, procès que j'avais
fini par gagner avec dépens. Il me demanda quel temps
on mettait d'ordinaire pour déterminer qui a droit et qui
a tort et quelles dépenses cela pouvait entraîner. Si les
avocats et orateurs avaient la liberté de plaider dans des
causes manifestement reconnues injustes, vexatoires ou
oppressives; si la question de parti, soit religieux, soit

politique, pouvait avoir un poids quelconque dans la
balance de la justice; si nos orateurs plaidants étaient des
gens instruits dans la connaissance générale de l'équité,
ou seulement versés dans les coutumes locales, provin-
ciales et nationales; si eux ou leurs juges avaient une
part quelconque dans la rédaction de ces lois qu'ils prenaient la liberté d'interpréter et de commenter suivant
leur plaisir; s'ils avaient jamais, à différentes époques,
plaidé pour et contre la même cause et cité des précédents
dans le but de prouver des opinions contraires; s'ils
formaient une corporation riche ou pauvre; s'ils rece-
vaient aucune récompense pécuniaire pour plaider ou

donner leur avis, et, surtout, s'ils étaient souvent admis comme membres de la chambre basse.

Il passa ensuite à l'administration de nos finances et me dit qu'il pensait que ma mémoire m'avait fait défaut, car j'avais évalué nos taxes à environ cinq ou six millions par an, et, quand j'en étais venu à citer les dépenses, il avait observé qu'elles se montaient quelquefois à plus du double. Les notes qu'il avait prises étaient, à la vérité, très précises sur ce point, car il avait espéré, — ainsi qu'il me l'avait dit, — que la connaissance de notre manière de faire pourrait lui être utile et il lui était impossible de s'être trompé dans ses calculs. Mais, si ce que je lui avais dit était vrai, il en était à comprendre comment un royaume pouvait dissiper sa fortune comme un simple particulier. Il me demanda quels étaient nos créanciers et où nous trouvions de l'argent pour les payer. Il s'étonnait de m'entendre parler de guerres si lourdes et si coûteuses, disant que nous devions certainement être un peuple querelleur, ou vivre au milieu de bien mauvais voisins, et que nécessairement nos généraux devaient être plus riches que nos rois. Il demanda ce que nous avions à faire en dehors de nos îles, à l'exception du commerce, des traités et de la défense de nos côtes avec notre flotte. Il paraissait surtout stupéfait de m'entendre parler de la nécessité d'une armée permanente, au milieu de la paix et chez un peuple libre. Il dit que, si nous étions gouvernés de notre propre consentement par nos représentants, il ne pouvait comprendre ce que nous avions à redouter, ni contre qui nous devions nous battre. Il voulait aussi avoir mon opinion sur la question de savoir si la maison d'un particulier ne serait pas mieux défendue, par lui-même, ses enfants et sa famille, que par une demi-douzaine de chenapans, recrutés au hasard dans les rues pour une solde modique et qui pourraient, en massacrant leurs maîtres, se procurer un bénéfice cent fois plus grand.

Il rit de mon « arithmétique bizarre », — comme il lui plaisait de l'appeler, par laquelle, on évaluait le chiffre de notre population, d'après un calcul basé sur les différentes sectes religieuses et politiques existant chez nous. Il dit qu'il ne voyait aucune raison pour laquelle ceux qui entretiennent des opinions préjudiciables au public fussent contraints à en changer et ne fussent pas, d'un autre côté, contraints à les tenir cachées, et que, de même que c'était tyrannie de la part d'un gouvernement quelconque d'exiger la première chose, de même c'était faiblesse de ne pas imposer la seconde, car on peut permettre à un homme de garder des poisons serrés chez lui, mais non de les vendre publiquement pour des cordiaux.

Il avait remarqué que parmi les divertissements de la noblesse et de la haute bourgeoisie, j'avais mentionné le jeu et il me dit qu'il désirait savoir à quel âge on commençait d'ordinaire à se livrer à cet amusement et à quel âge on l'abandonnait ; s'il était jamais poussé au point d'entamer les fortunes ; si des gens bas et vicieux ne pouvaient pas arriver à acquérir de grandes richesses, par leur adresse dans cet art, tenir ainsi les nobles eux-mêmes sous leur dépendance, et les habituer en même temps à des fréquentations avilissantes, les détournant ainsi entièrement de la culture de leur esprit et les forçant, par les pertes qu'ils subissaient, d'apprendre et de pratiquer à leur tour cette adresse infâme aux dépens des autres.

Le roi se montra absolument étonné du résumé que je lui avais fait de nos affaires pendant le siècle dernier.

Il déclara que ce n'était qu'une série de conspirations, de révoltes, de meurtres, de massacres, de révolutions, de bannissements et de tous les pires effets que pussent produire, l'avarice, l'esprit de faction, l'hypocrisie, la perfidie, la cruauté, la rage, la folie, la haine, l'envie, la débauche, la méchanceté et l'ambition.

Dans une autre audience, Sa Majesté prit la peine de récapituler et de résumer tout ce que j'avais dit. Elle compara les questions qu'elle m'avait faites avec les réponses que j'avais données ; alors me prenant dans ses mains et me flattant doucement, elle s'exprima en ces termes que je n'oublierai jamais non plus que la manière dont elle les prononça :

« Mon petit ami Grildrid, vous avez fait un panégyrique admirable de votre pays ; vous avez clairement prouvé que l'ignorance, la paresse et le vice sont les ingrédients propres à faire un législateur ; que les lois sont le mieux appliquées, interprétées et expliquées par ceux que leurs intérêts et leur talent poussent à les pervertir, à les embrouiller et à les éluder. Je remarque chez vous quelques traits d'une institution qui, dans son origine, aurait pu être tolérable, mais ces traits sont à demi effacés, et le reste est entièrement défiguré et souillé par la corruption. Il ne me paraît pas même d'après tout ce que vous m'avez dit, qu'une seule perfection soit requise pour parvenir à aucune situation chez vous ; beaucoup moins encore que les hommes y soient annoblis à cause de leurs vertus, que les prêtres y doivent leur avancement à leur piété où à leur sagesse, les soldats à leur conduite et à leur valeur, les juges à leur intégrité, les sénateurs à leur amour de la patrie ni les hommes d'État à leur sagesse. Quant à vous, ajouta-t-il, qui avez passé la plus grande partie de votre vie à voyager, je suis tout

disposé à croire que vous avez jusqu'ici échappé à beaucoup de vices de votre pays. Mais d'après ce que j'ai
déduit de votre propre récit et des réponses que j'ai eu
beaucoup de peine à vous arracher, je ne peux que conclure que la masse de vos compatriotes constitue la plus
pernicieuse et la plus odieuse petite vermine dont la
nature ait jamais supporté le grouillement sur la surface
de la terre. »

CHAPITRE VII

CHAPITRE VII

Amour de l'auteur pour sa patrie. — Il fait une proposition très avantageuse au roi qui la rejette. — Grande ignorance du roi en politique. — Etat très imparfait et très borné des connaissances de ce peuple. — Les lois, les affaires militaires et les partis de l'État.

E respect que je professe pour la vérité a pu seul m'empêcher de tenir cachée cette partie de mon histoire. J'aurais perdu mon temps à manifester mon ressentiment, car on le tournait toujours en ridicule et j'étais forcé de me taire patiemment pendant que mon noble et généreux pays était si indignement traité. Je suis aussi profondément peiné qu'aucun de mes lecteurs puisse l'être qu'une occasion semblable se soit présentée, mais ce prince était si curieux et si avide de renseignements sur toutes choses, que je ne pouvais concilier la reconnaissance et la politesse avec le refus de le satisfaire autant que j'en étais capable. Il me sera cependant permis de dire pour ma justification, que j'éludai habilement un grand nombre de ses questions et je m'efforçai de donner à tout un tour beaucoup plus favorable que ne m'y autorisait la stricte vérité. J'ai, du reste, toujours eu, pour mon pays, cette louable partialité que Denis d'Halicarnasse recommande si justement aux historiens, car je me sens enclin à cacher les faiblesses et les difformités de ma mère-patrie et à mettre dans le jour le plus favorable ses vertus et ses beautés. Tel a toujours été le but sincère de mes efforts dans les nombreuses conversations que j'ai eues avec ce monarque, mais j'ai le regret de dire que ça été sans succès.

Il faut pourtant se montrer très indulgent pour un prince que son isolement complet du reste du monde devait nécessairement laisser dans une ignorance absolue de mœurs et de coutumes en vigueur chez les autres peuples. Ce manque de connaissances produira toujours de nombreux préjugés et une certaine étroitesse dans la manière de penser, dont nous sommes, ainsi que les autres pays policés de l'Europe, absolument exempts. Et il serait en vérité humiliant que les notions qu'un prince si éloigné peut avoir du vice et de la vertu dussent être offertes en exemple au genre humain.

A l'appui de ce que je viens de dire et pour bien faire ressortir les misérables effets d'une éducation bornée, je vais raconter ici un fait que l'on aura peine à croire. Dans l'espoir de m'insinuer plus encore dans la faveur de Sa Majesté, je lui parlai d'une invention datant de trois ou quatre cents ans, grâce à laquelle on fabrique une certaine poudre, dont un tas, fut-il gros comme une montagne, s'allume en un moment si la moindre étincelle y tombe, et saute en l'air avec un bruit et un ébranlement plus grand que le tonnerre. J'expliquai qu'une quantité convenable de cette poudre, bourrée dans un cylindre de cuivre ou de fer, pousse, suivant la grosseur du cylindre, un boulet de fer ou de plomb avec une violence et une rapidité telles que rien n'est capable de supporter sa force ; que les plus gros boulets ainsi lancés, non seulement détruiraient d'un seul coup des files entières d'une

armée, mais renverseraient les plus fortes murailles, couleraient au fond de la mer des vaisseaux portant des milliers d'hommes, et deux attachés ensemble par une chaîne, briseraient net mâts et agrès, couperaient en deux des centaines de corps d'hommes et ravageraient tout devant eux ; que nous mettions souvent cette poudre dans de grands boulets de fer creux pour les lancer avec un engin dans les villes assiégées, et que ces boulets sou-

levaient les pavés, mettaient les maisons en pièces, en
envoyant de tous côtés des fragments qui brisaient le
crâne de tous ceux qu'ils atteignaient. J'ajoutai que je
connaissais parfaitement les ingrédients composant
cette poudre, lesquels ingrédients étaient à bon marché
et faciles à se procurer ; que je savais comment les
mélanger, et que je pouvais apprendre à ses ouvriers à
fabriquer des tubes d'un calibre proportionné à toutes les
autres choses qui se trouvaient dans le royaume de Sa
Majesté ; qu'il n'était pas nécessaire que les plus grands
aient plus de cent pieds de long : que vingt ou trente de
ces tubes, chargés d'une quantité convenable de poudre
et de boulets, abattraient les murs de la plus forte ville
de ses États en quelques heures, ou détruiraient sa
capitale toute entière, si jamais ses habitants tentaient
de discuter ses commandements absolus. Et je faisais
cette offre à Sa Majesté, comme un faible tribut de reconnaissance pour les nombreuses marques de faveur et de
protection dont elle m'avait honoré.

Le roi fut frappé d'horreur à la description que je lui
avais faite de ces horribles machines et à la proposition
que je lui soumettais. Il était stupéfait qu'un insecte
impuissant et rampant comme moi, — ce furent ses
propres expressions, — pût concevoir des idées aussi
inhumaines et fût assez familiarisé avec elles pour paraître
absolument indifférent à toutes les scènes de sang et de
désolation que j'avais dépeintes comme étant les effets
ordinaires de ces engins destructeurs, dont « quelque
mauvais génie, ennemi du genre humain » devait, selon
lui, avoir été l'inventeur. Quant à lui, bien que peu de
choses lui fassent autant de plaisir que les découvertes
nouvelles dans l'art ou dans la nature, il protesta qu'il
préférerait perdre la moitié de son royaume, plutôt que

J'expliquai les effets de cette poudre, bourrée dans un cylindre... (page 140).

d'être initié à un tel secret, et il me recommanda, si je tenais à ma vie, de ne jamais lui en parler de nouveau.

Étrange effet des principes étroits et des vues courtes qu'un prince, possédant toutes les qualités qui assurent la vénération, l'amour et l'estime, un esprit élevé, une grande sagesse et un profond savoir, doué de talents admirables, et, pour ainsi dire, adoré de ses sujets, laisse, par un scrupule inutile et exagéré que nous ne pourrions concevoir en Europe, échapper une aussi belle occasion qu'on mettait à sa discrétion de se rendre le maître absolu de la vie, de la liberté et de la fortune de son peuple !

Et je ne dis pas cela avec l'intention d'enlever quoi que ce soit aux nombreuses vertus de cet excellent roi. Son caractère, je le comprends, sera de ce fait considérablement amoindri dans l'opinion du lecteur anglais; mais je prétends que ce défaut naît de l'ignorance, ces peuples n'ayant pas encore réduit la politique à une science, comme l'ont fait les esprits plus pénétrants de l'Europe. En effet, je me rappelle parfaitement qu'un jour où il m'arriva de dire en causant avec le roi, que l'on avait écrit chez nous plusieurs milliers de livres sur l'art de gouverner, cela, — bien contrairement à ce que j'attendais, — sembla lui donner une bien piètre idée de notre intelligence. Il déclarait hautement détester et mépriser tout mystère, toute minutie, toute intrigue, aussi bien de la part d'un prince que de celle d'un ministre. Il ne pouvait s'expliquer ce que j'entendais par secret d'État, quand il ne s'agissait ni d'un ennemi, ni d'une nation rivale. Il renfermait l'art de gouverner en de très étroites limites : le bon sens et la raison, la justice et la clémence, la décision rapide des affaires civiles et criminelles, et quelques autres rengaînes sans importance. Il était d'avis que quiconque pouvait faire croître deux épis de blé ou deux brins d'herbe sur un point de terrain où il n'en poussait qu'un auparavant, méritait mieux du genre humain et rendait un service plus essentiel à son pays que toute la race des politiciens mise ensemble. L'instruction de ce peuple est très défectueuse, car elle se borne à la morale, à l'histoire, à la poésie et aux mathématiques, mais il faut reconnaître qu'ils excellent dans toutes ces branches. Les mathématiques, cependant, sont exclusivement appliquées à ce qui peut avoir une utilité pratique dans la vie, à l'amélioration de l'agriculture et de tous les arts mécaniques; de sorte que parmi nous elles ne seraient pas en grand honneur. Quant aux idées, aux entités, aux abstractions et aux calculs transcendants, je n'ai jamais pu leur en mettre la moindre conception dans la tête.

Aucune loi du pays ne doit être rédigée en plus de mots qu'il n'y a de lettres dans leur alphabet, lequel en compte seulement vingt-deux. Elles sont formulées dans les termes les plus clairs et les plus simples, et ces gens-là n'ont pas l'esprit assez vifs pour y découvrir plus d'une interprétation. Du reste, écrire un commentaire sur une loi quelconque constitue un crime capital. Quant à la décision des affaires civiles, ou à celle des procès contre les criminels, leur procédure est si pauvre qu'ils n'ont guère lieu de se targuer d'une bien grande habileté dans l'une ou dans l'autre.

Comme les Chinois, ils connaissent l'imprimerie depuis un temps immémorial, mais leurs bibliothèques ne sont pas bien considérables. Celle du roi, par exemple, qui passe pour la plus grande, ne contient pas plus de mille volumes rangés dans une galerie de douze cents pieds de long, et j'avais la liberté d'emprunter les livres qui me plaisaient.

Le menuisier de la reine avait arrangé dans une des
chambres de Glumdalclitch, une sorte de machine en
bois de vingt-cinq pieds de haut, ayant à peu près la
forme d'une échelle double et les échelons avaient cha-

cun cinquante pieds de long. C'était, en somme, un
escalier mobile, dont l'extrémité inférieure était placée
à dix pieds du mur de la chambre. On appuyait debout
contre le mur le livre que je désirais lire. Je montai
d'abord jusqu'au plus haut échelon, et, tournant mon
visage vers le livre, je commençai au haut de la page,
marchant de droite à gauche sur un espace d'environ

huit ou dix pas, selon la longueur des lignes, jusqu'à ce que je fusse arrivé un peu au-dessous de mon rayon visuel ; puis je descendais graduellement jusqu'au bas ; après, je remontais, me mettais à l'autre page de la même manière et tournais le feuillet, ce que je pouvais faire facilement en y mettant les deux mains, car chaque feuillet était aussi épais et aussi raide que du carton, et n'avait pas, dans les plus grands in-folio, plus de dix-huit ou vingt pieds de long.

Leur style est clair, mâle et coulant, car ils évitent avant tout d'employer des mots inutiles et de varier leurs expressions. J'ai lu un grand nombre de leurs livres, spécialement ceux d'histoire et de morale. Un autre qui m'intéressa beaucoup était un petit livre que je trouvais toujours dans la chambre à coucher de Glumdalclitch et qui appartenait à sa gouvernante, dame grave et âgée qui se plaisait à la lecture des ouvrages de morale et de dévotion. Ce livre traite de la faiblesse du genre humain et n'est guère estimé que des femmes et du vulgaire. Cependant j'étais curieux de savoir ce qu'un auteur de ce pays pouvait dire sur un tel sujet. L'écrivain passait en revue tous les lieux communs ordinaires aux moralistes européens, montrant quel animal infime, méprisable et impuissant est l'homme réduit à sa propre nature ; combien il est incapable de se défendre contre l'inclémence de l'air, ou la fureur des bêtes sauvages ; combien telle créature lui est supérieure en force, telle autre en vitesse, telle autre en prévoyance, telle autre encore en industrie. Il ajoutait que la nature avait dégénéré dans ces derniers siècles et ne pouvait maintenant produire que des êtres avortés en comparaison de ceux des anciens temps. Il était, disait-il, très raisonnable de penser que non seulement l'espèce humaine était à l'ori-

gine beaucoup plus grande, mais aussi qu'il y avait eu des
géants dans les premiers âges : l'histoire et la tradition
l'affirment, et ces assertions sont confirmées par la décou-

verte d'os et de crânes énormes, trouvés par hasard dans
des fouilles pratiquées en différentes parties du royaume,
et dépassant de beaucoup les dimensions ordinaires de la
race amoindrie de nos jours. Il prétendait que les lois

même de la nature voulaient absolument que nous eussions été faits au commencement, d'une taille plus grande et plus robuste, et moins exposés à être anéantis par le plus petit accident, comme une tuile tombant d'un toit ou une pierre lancée par la main d'un enfant, ou bien encore à nous noyer dans un ruisseau. Ces arguments fournissaient à l'auteur plusieurs applications morales, utiles dans la conduite de la vie, mais que je juge inutile de répéter ici. Pour ma part, je ne pouvais pas m'empêcher de penser combien c'est un talent répandu que celui qui consiste à disserter sur la morale ou plutôt sur les sujets de mécontement et de lamentations que nous croyons devoir reprocher à la nature. Je crois pourtant, après un examen approfondi, que les reproches que nous lui adressons sont aussi mal fondés parmi nous qu'ils le sont chez ce peuple.

En ce qui concerne leurs affaires militaires, ils se vantent de ce que l'armée du roi compte cent soixante-dix mille fantassins et trente-deux mille cavaliers, — si toutefois l'on peut appeler armée un corps composé de marchands dans les villes, de fermiers dans la campagne, dont les officiers sont tout simplement les nobles et les représentants de la haute bourgeoisie, sans solde ni récompense. Ils sont, cependant, assez entraînés dans leurs exercices, et soumis à une excellente discipline. Et je ne vois pas grand mérite à cela, car comment pourrait-il en être autrement dans une armée où chaque fermier est sous le commandement de son propriétaire et chaque citoyen sous celui des principaux personnages de sa cité, choisis au scrutin, comme cela se fait à Venise.

J'ai souvent vu la milice de Lorbrulgrud faisant l'exercice dans un vaste champ de vingt mille carrés aux environs de la ville. Il n'y avait, je pense, pas plus de vingt-cinq mille fantassins et de six mille cavaliers, mais il était impossible de calculer exactement leur nombre, vu l'espace du terrain qu'ils occupaient. Un cavalier, monté sur un grand cheval, pouvait avoir environ quatre-vingt-dix pieds de hauteur. J'ai vu tout ce corps de cavalerie mettre au clair tous les sabres à la fois et les brandir en l'air sur un seul commandement. On ne peut rien concevoir d'aussi grandiose, d'aussi surprenant, d'aussi merveilleux. On eût dit les lueurs de dix milles éclairs jaillissant en même temps de tous les coins du ciel.

J'étais curieux de savoir comment ce prince, dont les états sont complètement isolés de tout autre pays, en était arrivé à penser à avoir des armées et à enseigner à son peuple la pratique de la discipline militaire. Mais je l'appris bientôt, aussi bien par les conversations particulières que par la lecture de l'histoire. En effet, — il y avait bien longtemps de cela, — ce pays avait eu à souffrir de la même maladie à laquelle toute la race humaine est sujette : la noblesse a souvent combattu pour le pouvoir, le peuple pour la liberté et le roi pour l'autorité absolue. Les lois du royaume, qui tempèrent heureusement ces différents éléments, avaient été parfois violées par chacun de ces trois partis et plus d'une fois il en était résulté des guerres civiles. La dernière fut heureusement terminée par le grand-père du prince actuel, grâce à des concessions mutuelles et ce fut alors que, d'un consentement commun, on organisa la milice, qui, depuis, a toujours été strictement maintenue dans le sentiment du devoir.

CHAPITRE VIII

CHAPITRE VIII

Le roi et la reine font un voyage aux frontières. — L'auteur les accompagne. — La manière dont il quitte le pays est racontée dans tous ses détails. — Son retour en Angleterre.

'AVAIS toujours dans l'esprit que je re-couvrerais un jour ma liberté, quoi qu'il me fût impossible de conjecturer par quel moyen, ni former aucun projet ayant la moindre chance de réussir. Le navire sur lequel j'étais venu était le premier qu'on eût jamais signalé en vue de cette côte, et le roi avait donné des ordres très précis, pour que, si jamais il arrivait qu'un autre parût, il fut tiré à terre et mis avec tout son équipage et tous ses passagers sur un tombereau pour être apporté à Lorbrulgruld.

Il désirait beaucoup me trouver une femme de ma taille, avec laquelle je pusse propager mon espèce, mais je crois que je serais mort plutôt que de subir la honte de laisser une postérité destinée à être gardée en cage comme des serins apprivoisés, et peut-être, avec le temps, vendue comme des bêtes curieuses aux personnes de qualité.

J'étais, je le reconnais, traité avec beaucoup de bonté, favori d'un grand roi et d'une grande reine, et je goûtais les délices de toute la cour, mais c'était d'une façon qui convenait mal à ma dignité d'homme. Je ne pouvais non plus oublier les chers parents que j'avais laissés derrière moi. J'avais besoin de me trouver au milieu de gens avec lesquels je pusse m'entretenir sur un pied d'égalité, et de me promener par les rues et par les champs, sans crainte d'être écrasé comme une grenouille ou un petit chien. Heureusement ma délivrance arriva plus tôt que je m'y attendais, et d'une manière tout à fait extraordinaire, ainsi que je vais vous le raconter fidèlement, avec toutes les circonstances de l'aventure.

Il y avait deux ans que j'étais dans ce pays. Vers le commencement de la troisième année, Glumdalclitch et moi étions à la suite du roi et de la reine dans un voyage à la côte méridionale du royaume. On me portait, comme à l'ordinaire, dans ma boîte de voyage qui, comme je l'ai déjà fait observer, était un cabinet très commode, large de douze pieds. J'y avais fait fixer, à l'aide de cordes de soie attachées aux quatre coins du plafond un hamac, pour amortir les secousses lorsqu'un domestique me portait à cheval devant lui, comme j'en avais quelquefois la fantaisie, et pour y dormir comme cela m'arrivait souvent pendant que nous étions en route. Au toit du cabinet, mais pas immédiatement au-dessus du milieu du hamac, j'avais fait faire au menuisier une ouverture d'un pied carré, pour laisser mieux entrer l'air par les temps chauds, pendant que je faisais ma sieste. Je pouvais fermer cette ouverture quand je voulais, avec une planche qui glissait en avant et en arrière dans une rainure.

Quand nous fûmes arrivés au terme de notre voyage, le roi jugea à propos de passer quelques jours dans un palais qu'il a près de Flanflasnie, ville située à dix-huit milles anglais du bord de la mer. Glumdalclitch et moi étions bien fatigués ; j'étais un peu enrhumé, mais la pauvre fille était si malade qu'elle était obligée de garder la chambre. J'avais grande envie de voir l'Océan, qui seul pouvait être le théâtre de ma fuite, si elle devait jamais s'effectuer. Je fis semblant d'être plus malade que je ne l'étais réellement et exprimai le désir d'aller prendre l'air frais de la mer, avec un page que j'aimais beaucoup et à qui j'avais été confié quelquefois.

Je n'oublierai jamais avec quelle répugnance Glumdalclitch y consentit, ni les recommandations expresses qu'elle fit au page pour qu'il prît le plus grand soin de moi, tout en pleurant à chaudes larmes, comme si elle eût eu un pressentiment de ce qui devait arriver. Le jeune garçon me porta dans ma boîte, à environ une demi-heure de marche du palais, du côté des rochers du rivage. Je lui commandai de me déposer à terre, puis, ayant levé le chassis d'une de mes fenêtres, je jetai plus d'un coup d'œil mélancolique vers la mer. Je ne me sentais pas très bien. Je dis au page que j'avais envie de faire un somme dans mon hamac, espérant que cela me ferait du bien. Je rentrai. Le page ferma soigneusement la fenêtre pour empêcher le froid, et je ne tardai pas à m'endormir.

Tout ce que je puis conjecturer, c'est que, pendant mon sommeil, le page, pensant qu'il ne pouvait y avoir aucun danger, grimpa sur les rochers pour chercher des œufs d'oiseaux, l'ayant vu auparavant de ma fenêtre regarder à droite et à gauche et en ramasser un ou deux dans les

fentes des rochers. Quoi qu'il en soit, je me trouvai
soudainement éveillé par une violente secousse imprimée
à l'anneau qui était fixé au haut de ma boîte pour qu'on
pût la porter plus commodément. Je sentis ma boîte
élevée très haut dans l'air et emportée avec une vitesse
prodigieuse. La première secousse m'avait presque jeté
à bas de mon hamac, mais ensuite le mouvement fut
assez doux. J'appelai à plusieurs reprises aussi haut que
je le pouvais, mais sans aucun résultat. Je regardai du
du côté de la fenêtre mais ne vis rien d'autre que les
nuages et le ciel. J'entendis, juste au-dessus de ma tête,
un bruit ressemblant à celui d'un battement d'ailes et je
commençai alors à me rendre compte de la terrible posi-
tion dans laquelle je me trouvais : un aigle avait dû
prendre dans son bec l'anneau de ma boîte, dans le
dessein de le laisser tomber sur un rocher, comme une
tortue dans son écaille, afin d'en tirer mon corps pour
le dévorer ; car la sagacité et le flair de cet oiseau le
mettent en état de découvrir sa proie à une grande
distance, quoique cachée encore mieux que je ne pouvais
l'être par des planches épaisses seulement de deux
pouces.

Au bout de quelque temps, je remarquai que le bruit et
le battement d'ailes augmentaient beaucoup, et que ma
boîte était agitée çà et là, comme une enseigne de boutique un jour de grand vent. J'entendis plusieurs coups
ou poussées qui étaient à ce que je supposais, donnés à
l'aigle, — car j'ai la conviction que ce devait être un
oiseau de ce genre qui tenait l'anneau de ma boîte dans
son bec, — et puis tout à coup je me sentis tomber per-
pendiculairement pendant plus d'une minute, mais avec
une vitesse si incroyable que j'en perdis presque la respi-
ration. Ma chute fut interrompue par un bruit terrible.

semblable à celui produit par un objet de grande dimension tombant à plat dans l'eau et ce bruit était plus
retentissant à mes oreilles que
celui de la cataracte du Niagara.
Après quoi
je me trou-
vai dans une
obscurité profonde
pendant une autre
minute, puis ma boîte
commença à remon-
ter assez pour que je
pusse voir le jour par
le haut de ma fenêtre. Je
m'aperçus alors que j'étais
tombé dans la mer. Ma boîte, par
suite du poids de mon corps, du mobilier et des larges plaques de fer avec lesquelles on l'avait consolidée aux quatre coins
en haut et en bas, flottait en s'enfonçant d'environ cinq pieds dans l'eau. Je supposai — et
je suppose encore — que l'aigle qui
volait avec ma boîte avait été pour-
suivi par deux ou trois autres, et
forcé de me laisser tomber pendant
qu'il se défendait contre les nouveaux
venus qui comptaient avoir leur part
du butin. Les plaques de fer fixées au
fond de la boîte — et c'étaient les plus fortes, —
en avait conservé l'équilibre pendant la descente
et l'avaient empêchée de se briser contre la surface de
l'eau. Toutes les jointures adhéraient bien, et, comme la
porte ne tournait pas sur des gonds, mais s'ouvrait de

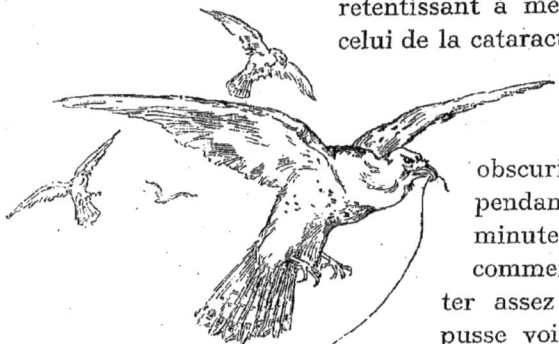

haut en bas comme une fenêtre à coulisses, mon cabinet était si imperméable qu'il n'y était entré que très peu d'eau. Je sortis avec beaucoup de peine de mon hamac, m'étant d'abord risqué à retirer la planche mobile du toit dont j'ai déjà parlé, établie là pour laisser pénétrer l'air, — dont le manque, alors me faisait presque étouffer.

Oh ! combien de fois je souhaitai alors d'être auprès de ma chère Glumdalclitch, dont une heure à peine m'avait séparé ! Et je puis dire sincèrement qu'au milieu de mes propres infortunes, je ne pus m'empêcher de pleurer ma pauvre nourrice, le chagrin qu'elle ressentirait de ma perte, la disgrâce probable de la reine et la perte de sa fortune.

Je doute que beaucoup de voyageurs se soient trouvés dans une situation plus difficile et plus dangereuse encore que celle où je me trouvais alors, m'attendant à tout moment à voir ma boîte brisée en morceaux, ou tout au moins renversée par la première rafale ou la première grosse vague. Une seule vitre cassée eût été pour moi la mort immédiate, car il n'y avait rien qui pût protéger ma fenêtre, à l'exception des treillis en fils de fer fixés en dehors pour la garantir des accidents pouvant arriver en voyage. Je voyais l'eau pénétrer peu à peu par plusieurs fissures, — bien qu'il y en eût très peu, et seulement de très petites, — et je m'efforçais de les boucher de mon mieux. Je n'avais pas la force de soulever le toit de ma boîte, sans cela, je l'aurais certainement fait, pour m'asseoir sur le haut, où j'aurais pu, du moins essayer de prolonger ma vie de quelques heures, plutôt que d'être noyé pour ainsi dire, à fond de cale. D'ailleurs, au cas où j'aurais échappé à ces dangers un jour ou deux peut-être, je ne pouvais que m'attendre à mourir ensuite de froid et de faim. C'est ainsi que je restai pendant quatre heures, pensant, — l'espérant presque parfois, — que chaque moment serait le dernier pour moi.

J'ai déjà dit au lecteur qu'il y avait sur le côté de ma boîte qui n'avait pas de fenêtre, deux boucles dans lesquelles le domestique qui me portait à cheval passait une ceinture de cuir qu'il s'attachait à la taille.

Ma situation semblait désespérée lorsque j'entendis, ou tout au moins lorsque je crus entendre comme le bruit de quelque chose qui grattait le côté de ma boîte où se trouvaient les boucles, et bientôt après il me sembla que la boîte était tirée, comme si elle était remorquée à travers la mer; car, de temps en temps, je sentais une espèce de secousse qui soulevait les vagues presque jusqu'au haut de mes fenêtres et me laissaient presque dans l'obscurité. Cela me donna quelque faible espérance de secours, bien que je ne pusse me figurer d'où il me pourrait venir. Je n'hésitai pas à dévisser une de mes chaises fixées dans le plancher et je parvins, avec beaucoup de mal, à la revisser immédiatement au-dessous de la planche mobile d'en haut que j'avais ouverte un peu auparavant. Je me hissai sur cette chaîne, et, mettant

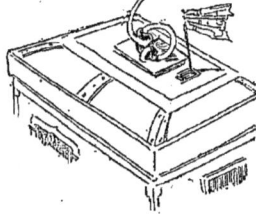

ma bouche aussi près que possible de l'ouverture, j'appelai au secours de toutes mes forces et dans toutes les langues que je connaissais. J'attachai ensuite mon mouchoir à une canne que je portais habituellement, et la haussant par le trou, je l'agitai plusieurs fois en l'air, afin que si quelque barque ou vaisseau était proche, les matelots pussent supposer qu'un infortuné mortel était peut-être renfermé dans cette boîte.

Tout ce que j'avais tenté ne me parut amener aucun résultat; et cependant je m'apercevais clairement que mon cabinet était entraîné en avant. Au bout d'une heure, ou peut-être davantage, je crus sentir que le côté de ma boîte ou étaient les boucles, et qui n'avait pas de fenêtres, heurtait quelque chose de dur. Je craignais que ce ne fût un roc et me sentis plus balloté que jamais. J'entendis alors distinctement du bruit sur le toit de ma boîte, comme le bruit d'un cable, — et un frôlement comme si on le passait à travers l'anneau. Ensuite je me trouvai hissé par degrés, au moins trois pieds plus haut que je n'étais auparavant, sur quoi je levai encore mon bâton et mon mouchoir, criant au secours jusqu'à m'enrouer. En réponse, j'entendis de grandes acclamations répétées trois fois, et cela me donna des transports de joie qui ne peuvent être conçus que par ceux qui les ressentent. J'entendais alors un piétinement au-dessus de ma tête et quelqu'un criant très fort à travers le trou, en langue anglaise: « S'il y a des gens là-dessous, qu'ils parlent ». Je répondis que j'étais un anglais, réduit par la mauvaise fortune à la plus grande calamité que jamais créature humaine eût soufferte, et je demandai, au nom de tout ce qui pouvait appitoyer, qu'on me délivrât de la prison dans laquelle j'étais. La voix répliqua que j'étais sauvé, car ma boîte était attachée à leur navire, et que le char-

pentier allait immédiatement venir scier dans le couvercle un trou assez large pour qu'on me sortît. Je répondis
que cela n'était pas nécessaire et demanderait trop de
temps ; qu'il suffirait qu'un homme de l'équipage passât
son doigt dans l'anneau, afin d'emporter la boîte hors de
la mer sur le navire et après dans la chambre du capitaine. Quelques-uns d'entr'eux en m'entendant déraison-
ner ainsi, pensèrent que j'étais fou ; d'autres se bornèrent
à en rire. En effet, je ne me rendais pas du tout compte
que je me trouvais alors parmi des gens de ma taille et
de ma force. Le charpentier vint, et, en quelques minutes, il eut scié une ouverture de quatre pieds carrés, puis
il y fit passer une petite échelle à l'aide de laquelle je
montai et l'on me transporta sur le navire dans un état
de faiblesse extrême.

Les matelots étaient tous dans la stupéfaction .et
m'adressaient un millier de questions auxquelles je ne me
sentais guère capable de répondre. Je me trouvais confondu à la vue de tant de pygmées, car c'est ainsi qu'ils
m'apparaissaient après avoir eu les yeux si longtemps
accoutumés aux objets monstrueux que je venais de quitter. Mais le capitaine, M. Thomas Wilcocks, honnête et
digne citoyen du Shrapshire, remarquant que j'étais sur
le point de me trouver mal, me conduisit à sa cabine, où
il me fit prendre un cordial pour me réconforter et puis
coucher sur un lit, en me conseillant de prendre un peu
de repos, dont j'avais grand besoin. Avant de m'endormir
je l'informai que j'avais dans ma boîte plusieurs meubles
de valeur, un joli hamac, un beau lit de camp, deux
chaises, ma table et une armoire ; que ma chambre était
tapissée, ou, plutôt, capitonnée d'étoffes de soie et de coton,
et que, s'il voulait la faire apporter dans sa cabine par
un homme de l'équipage, je l'y ouvrirais devant lui et lui

montrerais mes richesses. Le capitaine, en m'entendant
débiter ces absurdités, en conclut que j'avais le délire ;
cependant, — pour me calmer, sans doute, — il promit
de donner des ordres en conséquence. Il remonta alors
sur le pont et fit descendre quelques-uns de ses hommes
dans ma boîte, d'où ils retirèrent, comme je l'ai su depuis,

toutes mes affaires et enlevèrent le capitonnage ; quant
aux chaises, à l'armoire et au lit, qui étaient vissés au
plancher, ils furent très abimés, par suite de la brutalité
avec laquelle les matelots les arrachèrent. Ils détachèrent
ensuite quelques-unes des planches pouvant servir au
navire, et, quand ils eurent pris tout ce qu'ils voulaient,
ils laissèrent retomber dans la mer ce qui restait de la
charpente qui, par suite des nombreux trous faits au fond

et aux côtés, ne tarda pas à couler à pic. Je fus véritablement heureux de n'avoir pas assisté à cette œuvre de des-
truction, car je suis sûr que ce spectacle m'aurait vivement ému, en me rappelant certains événements passés
que je préférais oublier.

Je dormis pendant quelques heures, mais continuelle-
ment agité par des rêves ayant rapport au pays que je
venais de quitter et aux dangers que j'avais courus.
Cependant, quand je m'éveillai, je me sentis beaucoup
mieux. Il pouvait bien être huit heures du soir, et le
capitaine donna ordre de me servir à souper immédiatement, pensant que j'avais déjà trop longtemps jeûné. Il
me tint compagnie avec beaucoup d'affabilité, me recom-
mandant de ne plus avoir l'air effaré et de ne pas discou-
rir d'une façon incohérente. Quand on nous eut laissés
seuls, il me pria de lui faire le récit de mes voyages et
de lui apprendre par quel accident j'avais été abandonné
au gré des flots dans cette grande caisse de bois. Il me
dit que, sur le midi, comme il regardait avec sa longue-
vue, il l'avait découverte de fort loin et l'avait prise
d'abord pour une embarcation. Il avait eu alors l'idée de
la rejoindre, parce que cela ne l'écartait pas beaucoup de
sa route, et qu'il espérait pouvoir acheter du biscuit, le
sien commençant à manquer. Ce n'est qu'en approchant
qu'il s'était aperçu de son erreur et avait envoyé sa chaloupe pour découvrir ce que c'était, et qu'enfin ses hommes
étaient revenus tout effrayés, jurant qu'ils avaient vu une
maison flottante. Après avoir ri de leur folie, il était lui-
même descendu dans la chaloupe, ordonnant à ses matelots d'emporter avec eux un câble solide. Comme le temps
était calme, il avait ramé autour de ma boîte à plusieurs
reprises, et avait observé mes fenêtres et le treillis de fil
de fer qui les protégeait. Il avait ensuite découvert deux

boucles sur un côté qui était tout en planches, sans aucune ouverture pour la lumière. Il avait alors commandé à ses hommes de ramer de ce côté, et, ayant attaché un câble à une des boucles, il leur fit remorquer mon coffre, — comme ils l'appelaient, — dans la direction du navire. Lorsqu'il y était arrivé, il avait donné des ordres pour attacher un autre câble à l'anneau fixé sur le couvercle et pour le soulever avec des poulies, mais, en s'y mettant tous, les matelots n'avaient pu le lever au delà de deux ou trois pieds. Il ajouta qu'ils avaient vu ma canne et mon mouchoir passant par le trou et qu'ils en avaient conclu que quelque malheureux devait être enfermé dans ce coffre.

Je lui demandai si lui ou son équipage n'avait pas vu dans l'air quelques oiseaux prodigieux vers le temps où ils m'avaient découvert. A quoi il répondit que, parlant sur ce sujet avec les matelots, pendant que je dormais, un d'entre eux lui avait dit qu'il avait observé trois aigles volant vers le nord, mais ils n'avaient pas remarqué qu'ils fussent plus gros qu'à l'ordinaire, ce qu'il faut imputer, je crois à la grande hauteur où ils se trouvaient. Le capitaine ne parut pas comprendre le motif de ma question. Je lui demandai ensuite à quelle distance, il croyait que nous étions de la terre. Il me répondit que, d'après le calcul le plus exact qu'il pût faire, nous devions en être éloignés d'au moins cent lieues. Je l'assurai qu'il s'était certainement trompé presque de moitié, car je n'avais pas quitté le pays d'où je venais plus de deux heures avant de tomber dans la mer. Là-dessus, il recommença à croire que mon cerveau était dérangé, ce qu'il me donna à entendre, et ensuite il me conseilla d'aller me remettre au lit dans une cabine qu'il avait fait préparer pour moi. Je l'assurai que j'étais tout à fait remis, grâce à son bon repas et à sa gracieuse compagnie et que de ma vie je n'avais jamais mieux joui de tout mon bon sens. Il prit alors un air sérieux et me pria de lui permettre de me demander franchement si je n'avais pas la conscience bourrelée du souvenir de quelque horrible crime, pour lequel j'avais été puni par l'ordre de quelque prince, et exposé dans cette caisse, comme de grands criminels ont

été, dans d'autres pays, abandonnés sans provisions, sur une barque en mauvais état. Il ajouta que, quoiqu'il fût bien fâché d'avoir recueilli un tel scélérat dans son navire, il me promettait, sur sa parole d'honneur, de me mettre à terre en sûreté au premier port où nous arriverions. Il me dit que ses soupçons s'étaient beaucoup augmentés par suite de quelques discours absolument

absurdes que j'avais tenus d'abord aux matelots et ensuite à lui-même, à propos de ma boîte ou de ma chambre, aussi bien que par ma conduite et mes regards étranges pendant le souper.

Je le priai d'avoir la patience de m'entendre faire le récit de mon histoire, et je le fis avec une scrupuleuse fidélité, depuis la dernière fois que j'avais quitté l'Angleterre, jusqu'au moment où il m'avait découvert. Et comme la vérité se fraye toujours un chemin dans les esprits raisonnables, cet honnête et digne homme, qui avait quelque savoir et beaucoup de bon sens, fut immédiatement convaincu de ma candeur et de ma sincérité.

D'ailleurs, pour confirmer encore tout ce que j'avais dit,
je le suppliai de donner ordre de m'apporter mon armoire,
dont j'avais la clef dans poche, car il m'avait déjà informé
de la manière dont les matelots avaient disposé de mon
cabinet. Je l'ouvris en sa présence et lui fis voir la petite
collection de choses curieuses que j'avais amassée dans
le pays dont j'avais été tiré d'une manière si étrange. Il
y avait le peigne que j'avais fabriqué avec les poils de la
barbe du roi, et un autre de la même matière, mais dont
le dos était fait avec une rognure de l'ongle du pouce de
Sa Majesté. Il y avait une collection d'aiguilles et d'épin-
gles, d'une longueur variant d'un pied et demi à un yard ;
quatre aiguillons de guêpes, semblables à de gros clous
de menuisier, quelques cheveux tombés de la tête de la
reine pendant qu'on la peignait ; une bague d'or dont un
jour la reine me fit présent d'une façon très gracieuse,
l'ôtant de son petit doigt et me la passant au cou comme
un collier. Je priai le capitaine de vouloir bien accepter
cette bague en reconnaissance de ses honnêtetés, ce qu'il
refusa absolument. Je lui montrai un cor que j'avais
coupé de ma propre main sur l'orteil d'une demoiselle
d'honneur ; il était environ de la grosseur d'une reinette
du Kent, et devenu si dur, qu'à mon retour en Angleterre,
je le fis creuser en forme de coupe et monter en argent.
Enfin, je le priai de regarder les culottes que je portais
alors et qui étaient faites de peau de souris.

Tout ce que je pus lui faire accepter fut la dent d'un
laquais, que je le vis examiner avec une grande curiosité
et dont je m'aperçus qu'il avait envie. Il la prit avec
force remerciements, beaucoup plus que n'en valait une
pareille bagatelle. Un chirurgien maladroit l'avait par
erreur extraite à un domestique de Glumdalclitch, qui
souffrait de maux de dents, mais elle était aussi saine

Il examina cette dent avec curiosité... (page 168).

qu'aucune autre de sa mâchoire. Je l'avais fait nettoyer et serrée dans mon armoire. Elle avait environ un pied de long et quatre pouces de diamètre.

Le capitaine fut très intéressé par le récit sincère que je lui avais fait, et il me dit qu'il espérait qu'à notre retour en Angleterre, je rendrais le service au monde d'en écrire la relation pour la donner au public. Je répondis que je croyais que nous avions déjà beaucoup trop de livres de voyages ; que maintenant, rien ne pouvait arriver qui ne fût extraordinaire, ce qui me faisait soupçonner que certains auteurs consultaient moins la vérité que leur vanité ou leur intérêt, ou bien encore l'amusement de lecteurs ignorants ; tandis que mon histoire ne contiendrait guère que des événements communs, sans ces descriptions à effet de plantes, d'arbres, d'oiseaux et d'autres animaux étranges, ou de coutumes barbares et de l'idolâtrie des peuplades sauvages, que l'on trouve en abondance chez la plupart des écrivains. Je ne l'en remerciai pas moins de sa bonne opinion et promis d'y réfléchir sérieusement.

Il me dit qu'une chose qui l'étonnait beaucoup, c'était

de m'entendre parler si haut et me demanda si le roi et
la reine de ce pays-là étaient durs d'oreille. Je lui dis
que c'était une chose à laquelle j'avais été accoutumé
depuis plus de deux ans, et que j'étais de mon côté, émerveillé de sa voix et de celle de ses hommes, qui me
semblaient n'être qu'un murmure, assez distinct pourtant
à mes oreilles. Mais quand je parlais dans ce pays-là,
j'étais comme un homme parlant dans la rue à un autre
qui l'écouterait du haut d'un clocher, excepté quand
j'étais mis sur une table ou tenu dans la main de quelque
personne. Je lui dis que j'avais encore remarqué une
autre chose ; c'était que dès que j'étais arrivé sur le navire,
lorsque les matelots se tenaient debout autour de moi, je
pensais que c'étaient les plus misérables petites créatures
que j'eusse jamais vues. Il faut dire que depuis que
j'étais dans les états de ce roi, je ne pouvais plus me
regarder dans un miroir, depuis que mes yeux s'étaient
accoutumés à de si grands objets, parce que la comparaison que je faisais me rendait méprisable à moi-même.
Le capitaine me dit que, pendant le souper, il avait aussi
remarqué que je regardais toutes choses avec une sorte
d'étonnement, et que je lui semblais quelquefois avoir de
la peine à m'empêcher d'éclater de rire, qu'il ne savait pas
très bien comment il devait le prendre, mais qu'il l'avait
attribué à quelque dérangement dans ma cervelle. Je
reconnus que c'était parfaitement vrai, et je me demandai
comment j'avais pu me contenir, en voyant ces plats de
la grosseur d'une pièce d'argent de trois pence, un gigot
de porc qui faisait à peine une bouchée, un gobelet moins
grand qu'une coquille de noix, et je continuai ainsi à
décrire de la même façon le reste de son mobilier et de ses
provisions. Car, quoique la reine m'eût fait faire un petit
service complet de tout ce qui m'était nécessaire pendant

que j'étais à son service, cependant mes idées étaient entièrement influencées par tout ce que je voyais autour de moi, et je fermais les yeux sur ma propre petitesse, comme on le fait sur ses défauts.

Le capitaine entendait fort bien raillerie et me répon-

dit gaiement, en faisant allusion au vieux proverbe anglais, que mes yeux devaient être plus grands que mon ventre, car il n'avait pas remarqué que j'eusse un si solide appétit, pour quelqu'un qui avait jeûné toute la journée. Et, continuant à plaisanter, il ajouta qu'il aurait bien donné cent livres sterlings pour avoir le

plaisir de voir ma caisse dans le bec de l'aigle, et ensuite
tomber d'une si grande hauteur dans la mer, ce qui aurait
certainement été un spectacle très étonnant, bien digne

d'être transmis aux siècles futurs. La comparaison avec
Phaëton se présentait si bien d'elle-même, qu'il ne put
s'empêcher de l'appliquer, mais je ne goûtai la plai-
santerie qu'à moitié.

Le capitaine, revenant du Tonkin, faisait route vers
l'Angleterre, mais il avait été poussé vers le nord-est à
quarante-quatre degrés de latitude et à cent quarante-
trois de longitude. Cependant, deux jours après mon
arrivée à son bord, il rencontra des vents alizés et nous

naviguâmes longtemps vers le sud; puis, côtoyant la
Nouvelle-Hollande, nous fîmes route vers l'ouest-nord-
est, puis sud, sud-ouest, jusqu'à ce que nous eussions
doublé le cap de Bonne-Espérance. Notre voyage fut très
heureux, mais j'en épargnerai le journal ennuyeux au
lecteur. Le capitaine mouilla à un ou deux ports et y
envoya la chaloupe pour prendre des vivres et faire pro-

vision d'eau fraîche. Quant à moi, je ne sortis pas du
navire avant notre entrée dans les Dunes, qui eut lieu le
3 juin 1706, environ neuf mois après ma délivrance.
J'offris de laisser mes meubles en garantie du payement
de mon passage, mais le capitaine protesta qu'il ne
voulait rien recevoir. Nous prîmes amicalement congé
l'un de l'autre, et je lui fis promettre de venir me voir,
chez moi, à Redriff. Après quoi je louai un cheval et un
guide pour cinq shillings, que je dûs emprunter au
capitaine.

Pendant ma route, frappé de la petitesse des maisons,
des arbres, des bestiaux et des gens, je pensai me croire
encore à Lilliput. J'avais peur d'écraser tous les voyageurs que je rencontrais et je criais souvent très haut après
eux pour les faire s'écarter du chemin, en sorte que je
courus risque une ou deux fois d'avoir la tête cassée pour
mon impertinence.

Quand j'arrivai chez moi, — après avoir été obligé de
demander mon chemin, — un domestique vint ouvrir la
porte et je me baissai, comme une oie sous un porche, de
crainte de me cogner la tête. Ma femme accourut pour
m'embrasser, mais je me courbai plus bas que ses genoux
pensant qu'autrement elle ne pourrait arriver jusqu'à
mes lèvres. Ma fille s'agenouilla pour me demander ma
bénédiction, mais je ne pus la voir que lorsqu'elle se
fût relevée, habitué comme je l'étais depuis si longtemps à me tenir la tête levée et les yeux fixés à plus de
soixante pieds en l'air ; puis je fis comme si je voulais
la soulever d'une seule main par la taille. Je regardai de
haut en bas mes domestiques et un ou deux amis qui se
trouvaient à la maison, comme s'ils avaient été des
pygmées et moi un géant. Je dis à ma femme qu'elle avait
été trop parcimonieuse, car je trouvais qu'elle s'était

réduite elle-même et sa fille à presque rien. Bref, je me comportai d'une manière si étrange, qu'ils furent tous de l'opinion du capitaine la première fois qu'il m'avait vu, et conclurent que j'avais perdu l'esprit. J'ai mentionné ces détails comme un exemple du grand pouvoir de l'habitude et du préjugé.

En peu de temps nous étions arrivés à dissiper tout malentendu, moi, ma femme et mes amis ; mais ma femme déclara que je ne naviguerais plus jamais. Et pourtant, mon mauvais destin en décida autrement et avec une telle autorité qu'elle n'eut pas le pouvoir de m'empêcher de partir, comme le lecteur pourra l'apprendre bientôt. En attendant, je termine ici la seconde partie de mes malheureux voyages.

TABLE DES MATIÈRES

Châteauroux. — Imprimerie et Stéréotypie A. Majesté et L. Bouchardeau.

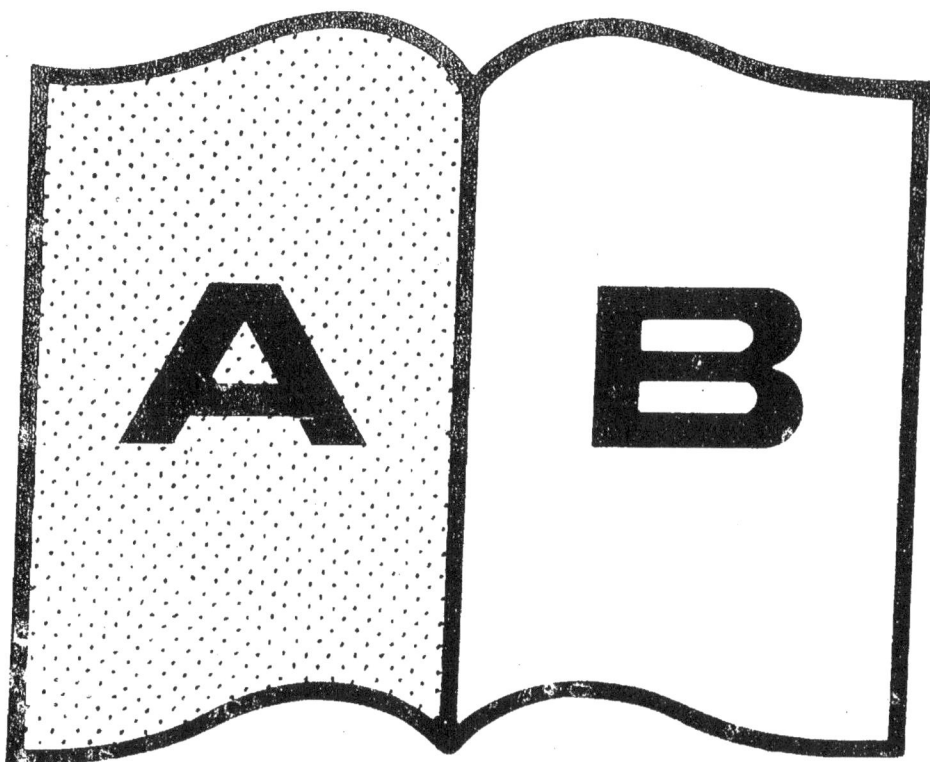

Contraste insuffisant

NF Z 43-120-14

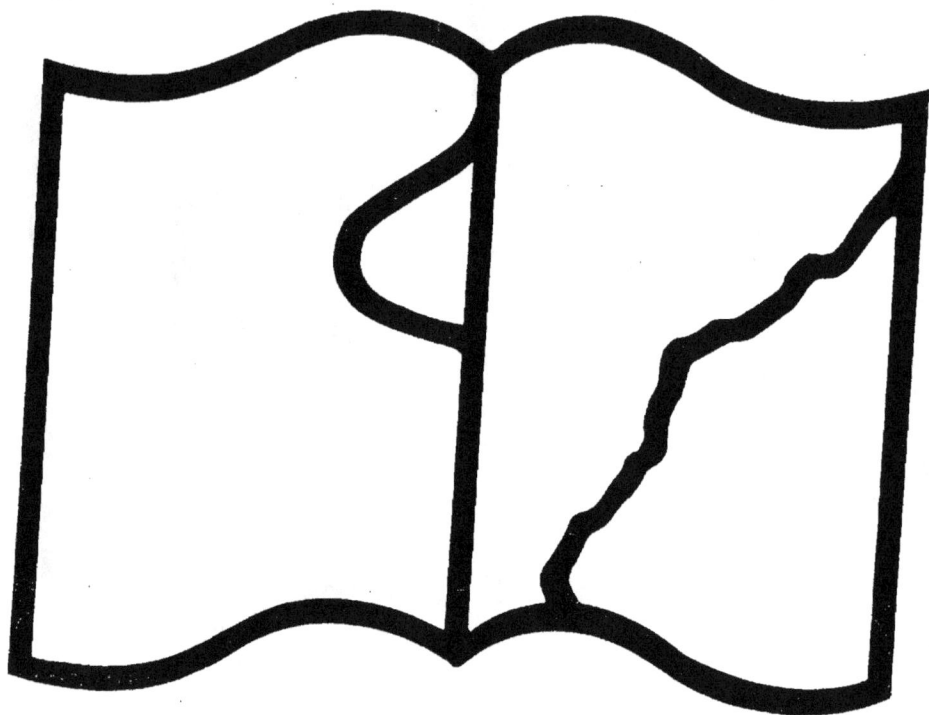

Texte détérioré — reliure défectueuse

NF Z 43-120-11

www.ingramcontent.com/pod-product-compliance
Lightning Source LLC
Chambersburg PA
CBHW072031080426
42733CB00010B/1848